Rammurti S. Mishra · Vollendung durch Yoga

Rammurti S. Mishra

Vollendung durch Yoga

Das grundlegende Lehrbuch
des Raja-Yoga,
der höchsten Form
der Yoga-Praxis

Otto Wilhelm Barth Verlag

1. Auflage der Neuausgabe 1985
Einzig berechtigte Übersetzung aus
dem Englischen von Ursula von Mangoldt.
Titel des Originals: «Fundamentals of Yoga».
Copyright © 1959 by Rammurti S. Mishra, M.A., M.D.
Gesamtdeutsche Rechte beim Scherz Verlag, Bern/München/Wien,
für den Otto Wilhelm Barth Verlag. Alle Rechte der
Verbreitung, auch durch Funk, Fernsehen,
fotomechanische Wiedergabe, Tonträger
jeder Art und auszugsweisen
Nachdruck, sind vorbehalten.
Schutzumschlag von Gerhard Noltkämper

Meinem Lehrer
Bhagavan Bodhisatwa
gewidmet

Inhalt

Vorwort
zur amerikanischen Ausgabe

Dr. Mishra beabsichtigte ursprünglich, daß sein Buch *Fundamentals of Yoga* als offizieller Leitfaden in seinen Kursen in der »Yoga Society of New York«, auf der »American Buddhist Academy«, der »Columbus (Ohio) Yoga Society« und in der »Dayton (Ohio) Yoga-Gruppe«, wie auch in den von Schülern mit Abschlußexamen geleiteten Gruppen verwendet werden sollte. Doch nach Fertigstellung des Manuskripts und Durchsicht des Inhalts stellte er fest, daß das Buch in Erweiterung seiner Aufgabe als Leitfaden breitere und bedeutendere Anwendung finden könnte.

Auf seinen Reisen durch Asien, Europa und die Vereinigten Staaten von Amerika baten Tausende von Menschen Dr. Mishra um Ratschläge für Yoga-Studium und um Weisung, wie sie persönlichen Frieden und Erfüllung zu erlangen vermöchten. Da Dr. Mishra Doktor der Medizin und Facharzt für Endokrinologie ist und sowohl im Ausland wie auch in den Vereinigten Staaten praktiziert, suchten auch viele seiner Berufskollegen, die an Yoga als Wissenschaft und als mögliche Erweiterung ihrer therapeutischen Praxis interessiert sind, Angaben von ihm zu erhalten, die über begrenzte persönliche Diskussion hinausgingen.

Dr. Mishra glaubt durch dieses Buch nicht nur Antwort auf viele Fragen zu geben, die sich in diesen Gruppen stellten, sondern zusätzlich ein praktisches und wissenschaftliches System entwickelt zu haben, das Yoga prüft und die Ziele erreicht, die Yoga als Erbe und Entwicklungsmöglichkeit des Menschen aufzeigt.

Als Dr. Mishra dem Verleger eine breitere Leserschaft für dieses Buch vorschlug, stimmten wir zu, da uns ernsthaftes Studium des Inhalts davon überzeugte, daß es sich um ein äußerst praktisches, wissenschaftliches und modernes Werk über Yoga handelt.

Jedoch mußte in Anbetracht der größeren Leserschaft eine wichtige Entscheidung getroffen werden. Englisch ist nicht die Muttersprache von Dr. Mishra, und in seinem Stil sind Ausdrücke, die man als indische Formulierungen betrachten muß. Andererseits hat Dr. Mishra die Begabung für eine unmittelbare, klare und lebendige Art der Darstellung, die Umschreibung und Bearbeitung auch auf höchstem Niveau verzerren würden. Als wir objektiv das erste gegen das letztere abwogen, entschieden wir, daß der Inhalt des Buches wichtiger ist als der Stil. Daher ist dieses Buch in Dr. Mishras Ausdrucksweise gedruckt, in der er sich am wohlsten fühlt und seine Mitteilungen und Übungen am besten wiedergeben kann.

Dieses Buch soll nun folgende Aufgaben (zusätzlich zu seinem Gebrauch durch Dr. Mishra und seine Gruppen) erfüllen: Es soll Führer sein für Menschen, die unter zeitweiliger Aufsicht eines Yoga-Experten Yoga lernen; für solche, die eine eigene Gruppe bilden wollen und aus ihrem persönlichen Kreis Mitglieder auswählen, die in Verbindung mit ihrer eigenen Schulung die Ausbildung leiten können; für Ärzte, Psychologen und religiöse Lehrer, denen die Gelegenheit geboten wird, die wirkliche Bedeutung von Yoga zu erfahren und die in diesem Buch gegebenen Angaben an Hand ihrer eigenen wissenschaftlichen Studien zu prüfen.

Dr. Mishra erhebt in seinem Buch den Anspruch, daß solche Untersuchungen mit Sicherheit Yoga als Wissenschaft ausweisen werden, und hofft, daß dieser Beweis Wissenschaftler und religiöse Lehrer ermutigen wird, die Yoga-Lehre in ihrem eigenen Wirkungsbereich einzuschließen, um dadurch dem Menschen zu helfen, zu seiner eige-

nen physischen und geistigen Dimension emporzuwach-
sen.

Dr. Mishra ist bereit, jede ernsthafte Frage zu beantworten, die sich bei Gebrauch dieses Buches theoretisch
oder praktisch stellt. Die Anfrage kann durch den Verlag
weitergeleitet werden.

The Julian Press, Inc.

Vorwort
von Paul Brunton

Dr. Mishra ist ein erfolgreicher Arzt und Chirurg, Professor der Medizin im R.A. Podar Medical College in Bombay und Chefarzt im M.A. Podar Hospital, das demselben medizinischen College angeschlossen ist. Um Yoga-Anatomie und Physiologie, Yoga-Psychologie und die psychischen Zentren (Chakras) – in moderner Terminologie ausgedrückt – zu erklären, hat er 1348 Autopsien durchgeführt.

Außerdem leistete er Forschungsarbeit auf dem Gebiet der Endokrinologie, in moderner Psychologie und auf anderen Gebieten der Medizin in europäischen und amerikanischen medizinischen Institutionen wie auch in seiner Heimat Indien. Mit diesen Untersuchungen hat er gründliche Kenntnisse von *Raja*-Yoga verbunden; er ist darin sowohl Theoretiker wie Praktiker. Diese Kenntnisse hat er genutzt, um Hinweise in Yoga-Texten zu erklären, die sich mit solchen anatomischen und physiologischen unbekannten Begriffen wie Kundalini, *susumna*, *pingala* etc. befassen. Er hat auf glänzende Weise die Yoga-Techniken der Tiefentspannung mit der therapeutischen und physiologischen Kunst der Suggestion vereinigt, die bei uns durch Coué und durch die Bewegung des »Neuen Denkens« bekannt geworden ist. Er hat eine ähnliche Verbindung zwischen Yoga und Vedanta geschaffen. Einfach und unmittelbar hat er die Atmung, den unverwandten Blick und andere Übungen erklärt, die man als Hilfe zur Beherrschung des Bewußtseins benötigt.

Zwei hervorragende Lehrer haben einen grundlegenden

Einfluß auf Dr. Mishras geistige Erkenntnisse ausgeübt: Shankaracharya Shri Shankara, Purushottama Teerthaji, Leiter der Sahja-Yoga-Bewegung, Sidha Yogashram aus Benares und Baba Soma Natha, Leiter der Radha-Swami-Bewegung in Bombay.

Später durchwanderte er, noch auf der Suche nach seinem endgültigen Guru, die indischen Ashrams. Aber erst als er einem geheimnisvollen Menschen begegnete, der öffentlichen Ruhm verachtete und, indem er seinen Unterricht wohlweislich auf wenige auserwählte Schüler begrenzte, nur einem kleinen Kreis bekannt war, fühlte er sich in der Gegenwart eines Yogi, dessen Entwicklung vollkommen war. Diesen großen Mann, dessen Namen Bhagavandas war, fand Dr. Mishra der vollen Schau von Nirvana teilhaftig. Ein unbeschreiblicher magnetischer Einfluß strahlte von ihm aus. Er wählte ihn als Lehrer. Die eigentliche Heimat des Gurus ist noch unbekannt. In seiner Jugend lebte er in Karachi, aber während des Umsturzes, der Pakistan gewaltsam von Indien trennte, kam er zum Besuch seiner geliebten Schüler nach Indien und ließ sich durch deren inständige Bitten überreden, dort zu bleiben. Als er 1957 seinen Körper in Bombay verließ, war er über hundert Jahre alt, sah aber viel jünger aus.

In bewunderungswertem Gegensatz zu vielen übermäßig theoretischen, hauptsächlich methaphysischen oder einfach seichten Büchern auf diesem Gebiet, sind die folgenden Seiten reich an Arbeitsmethoden und Übungen für den Gebrauch ernsthafter Schüler auf der Suche nach Vergeistigung. Insgesamt bilden sie ein faszinierendes Buch für alle, die an diesem Thema interessiert sind.

Einführung

Der Mensch hat sich durch zahllose Inkarnationen und Wiedergeburten mit seinem Körper hypnotisiert. Durch seine Unwissenheit empfindet er, daß sein Selbst und sein Bewußtsein auf seinen Körper beschränkt sind. Wenn seine Unwissenheit durch Yoga-Praxis zerstört wird und er seine Hypnose von der Endlichkeit beseitigt, dann offenbart sich das Selbst, das unendlich ist und keine Vielfalt irgendwelcher Art zuläßt, durch sich selbst wie die Sonne, wenn die Wolken sich entfernt haben. Die Vorstellung von Mann, Frau, Tier, Gott, Kind, Jugend und Alter werden für das Selbst durch Unwissenheit überlagert. Yoga ist der Vorgang, der jede Hypnose fortnimmt. Durch Kontemplation, Konzentration und Meditation erkennt man die wahre Form des Selbst, das allgegenwärtig, allmächtig und allwissend ist.

Auf meiner langen Reise haben mir Tausende diese Fragen gestellt: »Wie üben Sie *samadhi*? Wie gehen Sie in den Zustand der Erleuchtung und des Nirvana ein? Kann ich lernen, *samadhi* auszuführen? Kann ich Erleuchtung und Nirvana erlangen?« Auf die beiden ersten Fragen antworte ich: »*Samadhi* beruht auf Fixierung, Suggestion und Willenskraft durch den Übenden, und der Zustand der Erleuchtung und des Nirvana hängt von *prajna*, *sila* und *samadhi* (Intuition, ethische und moralische Vollkommenheit und beständige Konzentration) ab.« Auf die vierte Frage lautet meine Antwort: »Ja, auch Sie können ein bewanderter Yoga-Schüler werden und Erleuchtung durch Nirvana erlangen, wenn Sie die Gesetze von Geist und Natur und die einfachen Gesetze des *samadhi* erlernen.«

Vollendung ist nichts Zufälliges und nicht Monopol einer bestimmten Nation oder eines bestimmten Menschen. Wer Konzentration übt, wird sie erlangen.

Seit vorgeschichtlichen Zeiten hat der Mensch Yoga-*samadhi* gekannt und ausgeführt und Erleuchtung und Nirvana empfangen. Seither ist viel über die Yoga-Wissenschaft geschrieben worden. Das Material über Yoga macht vielleicht die größte Bibliothek aus, die über ein einziges Thema zusammengestellt wurde. Es gibt viele Menschen in der ganzen Welt, die interessiert sind, die Wissenschaft des Yoga zu erlernen. Es werden auch viele Bücher über Yoga auf dem Buchmarkt von heute verkauft. Man ist der Meinung, daß viele davon gute Anweisungen geben, wie man in *samadhi* eingeht und Erleuchtung sowie Vollendung erlangt. Die meisten dieser Bücher erheben nur diesen Anspruch, lehren aber nicht das »Wie«. Denn sie geben eine große Anzahl nutzloser Theorien, Dogmen und verschiedene andere Schaufensterdekorationen, um ihre Seiten »aufzufüllen«. Aber Ihr Interesse gilt ja nicht nutzlosem Gerede, das wertvolle Zeit verschwendet. Sie wollen wissen, »wie« man es macht. Dieses Buch wird es erklären.

Dem auf modernen Universitäten im Osten und Westen ausgebildeten Menschen erscheinen die Systeme von Yoga und Vedanta zur Erlangung der Vollendung nur als ein kunstvoller Prozeß von Selbsthypnose. Zweifellos sind einige moderne fanatische und berufsmäßige Yogis wie Praktiker des Tantra-Kults die Hauptursache der Verwirrung. Patanjali-Yoga ist aber in seiner ursprünglichen Form frei von diesen Auswüchsen. Darum wird Patanjali-Yoga *samkhya*-Yoga genannt. Der besondere Grund für diesen Namen ergibt sich daraus, daß Patanjali-Yoga das Physische nicht ohne das Metaphysische und, umgekehrt, das Metaphysische nicht ohne das Physische anerkennt. Dies ist das fehlende Glied zwischen den beiden Wissenschaften, daher der Name *samkhya*-Yoga (Vedanta mit Praxis und Wissen durch Erfahrung). Das ist der König aller Yo-

gas, *raja*-Yoga. Wie Mathematik die Wurzel aller Natur-
wissenschaften ist, so ist das *samkhya*-System die Wurzel
der metaphysischen Wissenschaft.

Jede einzelne Seele ist in ihrer Anlage göttlich, durch
Unwissenheit aber hat sie ihre wirkliche Form nicht erreicht. Yoga läßt alle möglichen Arten der Praxis gelten,
die ihre Göttlichkeit verwirklichen, und gibt allen Schülern volle Freiheit, andere Methoden anzuwenden, um
Willenskraft und Denken, der Zeit und den persönlichen
Umständen entsprechend, zu entwickeln. So ist Yoga frei
von Dogmatismus, Orthodoxie und Konservatismus aller
Religionen der Welt. Yoga ist kein Ableger irgendeiner
Religion, sondern unterstützt jede Religion in der richtigen Weise.

Indem man die Methoden und Vorschriften des Yoga be-
folgt, aktiviert man die tiefsten Schichten des Bewußtseins.
Dieses tiefste Bewußtsein ist das Reservoir allen Lebens.
Jeder Körper ist ein göttliches Werkzeug. Es ist der ewige
Sender und Empfänger. Es ist die Bestimmung der Sinnesorgane, Empfänger zu sein; der Bewegungsorgane, Sender zu sein. Der Geist übt Kontrolle über beide aus. Wenn
auch jedes Lebewesen vom einzelligen bis zum vielzelli-
gen die Kraft zum Senden und Empfangen besitzt, so ist
sie dennoch nur in höheren Formen entwickelt, während
sie in niederen noch unentwickelt ist. Die »normalen«
Begrenzungen der menschlichen Erkenntnis sind daher
nur seine eigenen. Sie sind weder allgemein noch natürlich
noch endgültig, sondern individuell, scheinhaft und vorübergehend. Durch die Zucht von Körper, Sinnen und Gedanken wird *cittam* für die selige Schau der Seele gereinigt,
und der Schüler erkennt, daß wahre Intelligenz und Gedächtnis unabhängig vom Mechanismus des Gehirns sind.
Das menschliche Denken hat andere Fähigkeiten der Wahrnehmung als die von den fünf Sinnen vermittelte. Die
fünf Sinne, die wir mit den niederen Tieren teilen, sind
allen gemeinsam, durch Übung von *samadhi* aber werden

andere Welten offenbar, die ungewöhnlich und ewig sind. Wenn einmal die echten Augen des Schülers geöffnet sind, wird die Erweiterung seiner Wahrnehmung so überwältigend sein wie die eines Blinden, der plötzlich sehend wird.

Die höchste Natur und das höchste Bewußtsein unterstehen Gesetzen, durch die man diese höhere Schau und die Manifestation latenter Kräfte erreichen kann. Durch Befolgen der Grundregeln des Yoga steigert man die Kraft der Konzentration, bringt die schweifenden Gedanken durch Fixierung der Aufmerksamkeit auf verschiedene Chakras zum Stillstand und meistert die Seele in gleicher Weise, wie ein Athlet seinen Körper beherrscht. Man kann die Kraft erlangen, ohne Hilfe anderer Sinne zu sehen und zu erkennen. Dadurch wird man unabhängig von den Tätigkeiten, die man mit den körperlichen Sinnen und dem Gehirn ausführt.

Yoga bietet einen wissenschaftlichen Weg und methodische Übungen, um durch die Kontrolle der Elemente der physischen, metaphysischen und psychischen Natur Vollkommenheit zu erreichen. Der physische Körper, die aktive Willenskraft und der Verstand werden unter vollkommene Herrschaft gebracht, die zu geistiger Freiheit führt. Es ist nicht Ziel des Yoga, metaphysische Theorien zu formulieren, sondern die praktische Methode auszudrücken, »wie« Erlösung durch Gedankenzucht zu erreichen ist.

Da das Leben des Menschen von der Natur des Geiststoffes (*cittam*) abhängt, ist dessen Reinigung durch Konzentration der Gedankenwellen äußerst notwendig. Die Yoga-Praxis hängt von der *samkhya*-Philosophie ab. Deshalb ist es gut, sich die Tafel der *samkhya*-Metaphysik sinnvoll zu vergegenwärtigen, bevor man mit der Konzentration beginnt.

Das Verständnis folgender Tafel wird dem Schüler helfen, eine höhere Ebene des Bewußtseins durch Verwandlung des grobstofflichen und vielfältigen Universums und

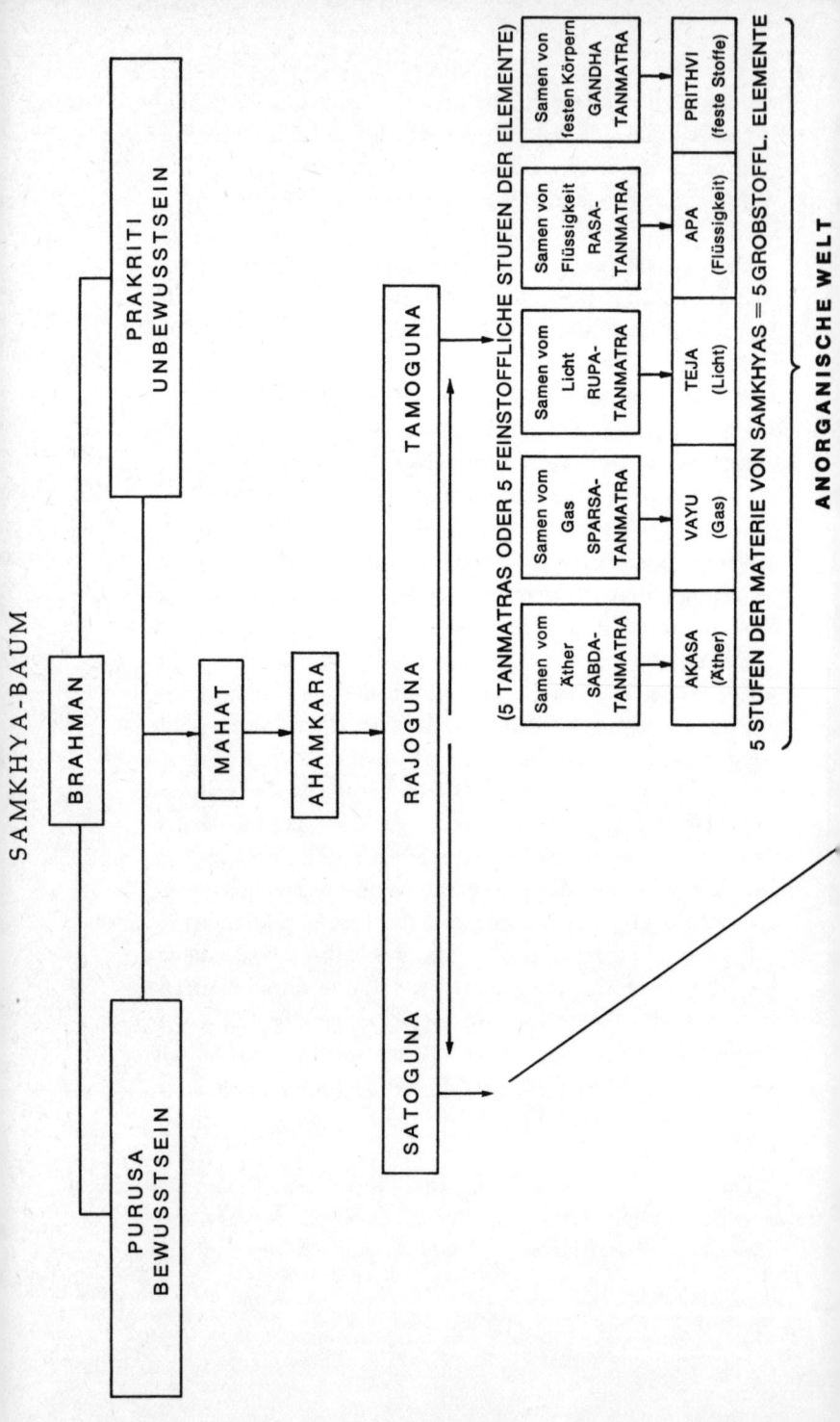

SAMKHYA-BAUM

ANORGANISCHE WELT

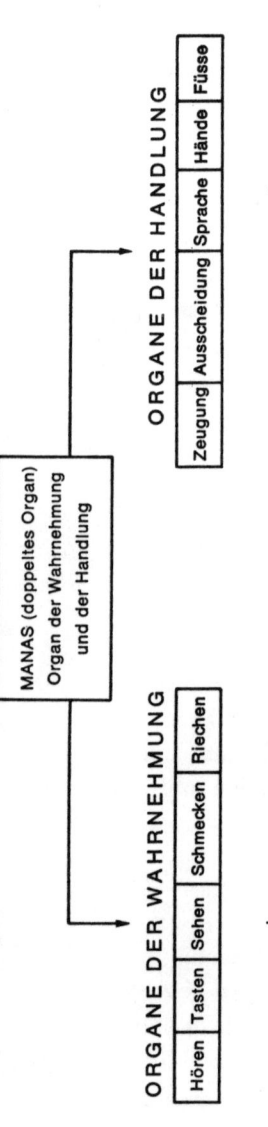

ORGANE DER WAHRNEHMUNG

Hören	Tasten	Sehen	Schmecken	Riechen

MANAS (doppeltes Organ)
Organ der Wahrnehmung
und der Handlung

ORGANE DER HANDLUNG

Zeugung	Ausscheidung	Sprache	Hände	Füsse

ORGANISCHE WELT

Brahman: Höchste Wirklichkeit, Wahrheit
Prakriti: Ursprüngliche Energie, Unbewußtes, Unbedingtes
Purusa: Kosmisches Bewußtsein (unbedingt)
Mahat: Kosmische Intelligenz (bedingt)
Ahamkara: Universales Ich, Selbst-Bewußtsein
Manas: Geist

KOSMISCHE KRÄFTE DER NATUR {
Satoguna: Licht, Intelligenz
Rajoguna: Aktiver geistiger Zustand
Tamoguna: Kraft des Gleichgewichtes

Cittam: Geist (Manus) plus Ich (Ahamkara) plus Intelligenz (Mahat)
Citi: Purusa

19

des Körpers in *panca mahabhuta* (die fünf Stufen der atomaren Natur und des Bewußtseins) zu erreichen. *Panca mahabhuta* muß in *panca tanmatra* (die fünf vornuklearen Stufen der Natur und des Bewußtseins), die Organe der Wahrnehmung, die Organe der Handlung und *panca tanmatra* (die fünf vornuklearen Stufen) müssen in das universale Ich (*ahamkara*), das universale Ich in das universale *mahat tatva* (die universale Intelligenz) und die universale Intelligenz in die höchste Natur und das höchste Bewußtsein verwandelt werden.

Das Selbst ist das Eine ohne Zweites. Höchste Natur ist nicht länger ein gesondertes Prinzip in der Befreiung, es ist vielmehr die ewige Energie des ursprünglichen *purusha*, durch den *purusha* das mannigfaltige Universum entwirft, beschützt und wieder einzieht.

Die Ursache des Leidens ist Unwissenheit. Dualismus ist auf Unwissenheit zurückzuführen. Er wird beseitigt, wenn Unwissenheit durch *samadhi* entfernt ist. Die vielfältige Welt mit ihrem Dualismus vergeht, wenn der Mensch befreit und Nirvana, die wahre Form des Geistes, erlangt ist.

Jetzt wirst du bald deinen Lehrgang beginnen. Ich werde dir alle Grundregeln und Theorien angeben, die du brauchst. Ich habe aber alle Regeln und Theorien ausgelassen, die für Anfänger zu schwierig sind. Das hier Beschriebene ist die »Essenz« aller Theorien und Grundsätze. Wenn du diese ausführst, wirst du später alle Grundsätze und Theorien verstehen und eigene formulieren.

Ich habe in diesem Buch nichts niedergeschrieben, was nicht nach objektiven Maßstäben moderner Wissenschaft bewiesen werden kann. Mediziner, Biologen, Psychologen und Physiker sind vielen dieser Tatsachen bei ihren eigenen Untersuchungen begegnet und haben ihre Wirklichkeit und Möglichkeit geprüft. Im Augenblick aber gehen ihre Interessen andere Wege, und sie sind noch nicht bereit, diese natürlichen Phänomene besser auszuwerten.

Dennoch besteht kein Zweifel, daß die Ziele der modernen Wissenschaft und des Yoga einander ähnlich sind, auch wenn ihre Wege sich unterscheiden.

Ich darf auch darauf hinweisen, daß ich Arzt und ein Wissenschaftler des 20. Jahrhunderts bin, und daß ich mir deshalb hohe Maßstäbe anlege. Wenn ich Methoden und Philosophie des Yoga anderen Methoden vorziehe, so deshalb, weil es für mich der beste Weg ist, mich selbst und mein Wissen auszudrücken. Ich verspreche, diesen Lehrgang sehr knapp zu halten, aber ich versichere auch, daß ich jede bekannte, erfolgreiche und praktische Methode des Raja-Yoga aufführen werde, die geprüft und durch zahllose, hervorragende Gelehrte des Yoga in vielen tausend Jahren der Praxis bewiesen wurde. Dadurch möchte ich dir helfen, ein erfolgreicher Yoga-Schüler zu werden und deinen Meister zu erkennen, deine innerste Seele, deine Ewigkeit, deine Befreiung, Nirvana, das dir jetzt noch unbekannt, das aber trotzdem dein Begleiter ist.

In den folgenden Kapiteln lege ich die wesentlichen Grundsätze der Yoga-Psychologie und des Yoga-*samadhi* dar und gebe dir damit den Schlüssel in die Hand, die Türen aufzuschließen, die zwischen dir und deinem Meister, dem ewigen Geist, stehen.

Dreißig Lektionen sind diesem Zweck gewidmet. Der Schüler soll sie nicht wie einen Roman lesen, sondern eine Lektion vornehmen, sie begreifen, durch eigene Überlegungen erweitern, anatomische und physiologische Abbildungen und Darstellungen wie auch solche der Yoga-Psychologie zu Rate ziehen, die mit den Lehrgängen zusammen gegeben werden, sich darauf konzentrieren und dann die nächste Lektion beginnen.

Wenn du Meditation, Konzentration und Kontemplation auf diese Weise übst, wird dein Erfolg ein Nebenprodukt deiner Übung sein und dich nicht mehr verlassen.

In diesem Sinne wünsche ich allen Lebewesen Glück und eine gute Zukunft.

1 Yoga und seine Anwendung

Die Unterwerfung der niederen Wünsche unter die höheren wird Yoga genannt. Der Schüler führt im Yoga seine Gedanken von der Unwahrheit zur Wahrheit hin, von der Dunkelheit zum Licht, von Not, Leiden, Krankheiten und Tod zu Frieden, Glück und Ewigkeit, von Unwirklichkeit zur Wirklichkeit.

Yoga lehrt die Methoden, die mächtigen Schwingungen der Gedanken zu kontrollieren und völlig dem uranfänglichen Bewußtsein zu unterwerfen, das ohne Unterbrechung durch jeden mechanischen Vorgang wirkt als beständiger Lehrer des Yoga-Schülers. Ohne Verständnis dieser Grundregel ist Yoga-Praxis unmöglich.

Yoga erkennt das Physische nicht ohne das Metaphysische an, noch das Metaphysische ohne das Physische. So ist es Bindeglied zwischen beiden. Es kritisiert beide, wenn sie sich voneinander zu trennen suchen, und führt sie zusammen in einem ewigen Grundprinzip, das *höchste Wirklichkeit* genannt wird.

Viele lernen Yoga, einige zur Bekämpfung ihrer körperlichen wie geistigen Krankheiten, andere, um okkulte Kräfte zu erlangen. Philosophen lernen Yoga, um ihre Philosophie zu beleben. Denn ohne Yoga-Erfahrung sind die Lehren der Philosophie und der Vedanta leblos. Religiöse üben Yoga, um die Wahrheit in den Darstellungen der heiligen Schriften zu erkennen. Denn ohne Yoga-Erfahrung sind alle heiligen Schriften nur Metaphern. Wer sich mit Hypnose beschäftigt, lernt Yoga in Form von Hypnose (ein verzerrtes Yoga), um professioneller Hypnotiseur zu werden. Einige lernen Yoga aus Neugier, während einige wenige Yoga lernen, um ungeheure magische Kräfte zu erlangen.

Gewiß bietet Yoga alle oben erwähnten Möglichkeiten. Doch sein wirkliches Ziel liegt jenseits dieser Absichten. Der erste Autor der Yoga-Sutras, Patanjali, wurde von einem seiner Schüler gefragt: »Meister, Ihr habt ein Buch über Medizin geschrieben, in dem vorübergehend erfolgreiche Behandlungen geistiger und körperlicher Krankheiten angegeben werden. Besteht irgendeine Möglichkeit, diese ebenso wie Schmerzen, Leiden und Tod für immer zu überwinden?« Daraufhin antwortete der große Yogi Patanjali:

»Yoge mokse ca sarvesam veda nanam avartam mokse nirvrittih nihsesa Yogomoksa pravartakah.« Das heißt: In Yoga und *moksah* werden alle Schmerzen und Leiden für immer besiegt. Moksah oder Nirvana sind die bleibende Behausung des ewigen Bewußtseins, sind Wissen, Sein, Segen, Glück und Frieden – Yoga ist das unfehlbare Mittel, Nirvana zu erlangen. Das Hauptziel des Yoga ist somit geistige Freiheit von den Banden der materiellen Wünsche und nie endender Sieg des Bewußtseins über Unwissenheit. Außer Nirvana ist jede andere Vollendung wie durch mystische Erfahrungen, okkulte oder übernatürliche Kräfte zweitrangiges Ziel und Nebenprodukt des Yoga. Der Yoga-Schüler wird immer wieder gewarnt vor dem Gebrauch solcher Kräfte. Denn er wird dadurch von dem höchsten Ziel, dem vollkommenen Sieg des Bewußtseins über Unwissenheit und Natur abfallen. Er darf seine »übernatürlichen« Yoga-Kräfte nur einsetzen, wenn dies nicht gegen sein höchstes Ziel verstößt. Das ist der Hauptunterschied zwischen einem Yoga-Schüler und einem anderen Mystiker. Wer nicht an der Vollkommenheit interessiert ist, sondern nur »übernatürliche« Kräfte erlangen will, kann dennoch Yoga üben, aber er muß wissen, daß dies nicht die wahre Form des Yoga ist.

Manche Religiösen versuchen das Yoga-Wissen mit Religion zu verbinden. Doch dies ist ein Mißbrauch des Yoga. Zweifellos kann die Yoga-Praxis allen Religionen in gleicher Weise in ihren Meditations-Übungen helfen, aber Yoga ist jenseits jeder Religion, umfaßt jede Wissenschaft und ist dennoch jenseits aller Wissenschaften. Yoga hat seine eigenen Methoden, geistige Kräfte zu erforschen. Andere wissenschaftliche Forschungen stehen im Yoga an zweiter Stelle. Sie tragen zur Analyse des Denkens bei; man sollte aber nicht vergessen, die Gedanken durch Yoga-Methoden zu analysieren. Das ist der unmittelbare Weg solcher Untersuchung. Yoga ist nicht Eigentum irgendeines Landes, wie dies manche Schriftsteller behaupten, sondern Besitz der Natur und des Bewußtseins, und gehört jedem in gleicher Weise.

Man verwendet Yoga zur Heilung aller physischen und geistigen Krankheiten mit absoluter Sicherheit und ohne jeden Schaden. Es ist eine einfache und leicht zu erlernende Wissenschaft und wie alle Wissenschaften auf Tatsachen aufgebaut, die durch Analyse und Synthese der Gedanken erforscht wurden. Yoga analysiert Subjekt wie Objekt, während alle anderen Wissenschaften nur das Objekt zergliedern. In der Meditation wird das Denken sehr viel klarer und stärker und besitzt eine weit größere Herrschaft über alle Organe und Sinne. Yoga ist Meisterung der Gedanken. Hierbei muß man auf jeden Zweig der Wissenschaft achtgeben, da sie alle mittelbar oder unmittelbar Nebenprodukte des Denkens sind.

Dieser Lehrgang ist der offizielle Text einer Schule, in der ein durchschnittlicher Schüler (im Kurs oder allein) schon von der ersten Stunde an seine Aufgabe zu üben beginnt.

Die hier übermittelten Lehrweisen wurden geprüft und bewiesen. Durch diesen Kurs erlangt man alles, was man als Yogi zur Beherrschung der Gedanken benötigt. Studiere diese Methoden, benutze, prüfe und beweise sie.

VORSICHT: Als Ergebnis der in diesem Lehrgng beschriebenen Praxis wird man in der Lage sein, eigene Krankheiten und Schwächen geistiger wie körperlicher Art zu heilen. Versuche aber nicht, andere von irgendetwas zu heilen. Überlasse dies den Ärzten. Sie sind sich sehr wohl der Yoga-Kräfte bewußt.

Jetzt kommen wir zu den Grundregeln des Yoga und ihrer Anwendung auf Gedanken, Sinne und Körper. Von einem praktischen Gesichtspunkt aus wird Yoga in die folgenden acht Systeme eingeteilt:

1. *Yama:* Beherrschung des Denkens und der Gedanken-Schwingungen.
2. *Niyama:* Einhalten von Regeln, um dieses Ziel zu erreichen.
3. *Asana:* Verschiedene Stellungen zum Erlangen dieses Zustandes.
4. *Pranayama:* Regelmäßiges Atmen als Hilfe zur Gedanken-Kontrolle.
5. *Pratyahara:* Vollkommene Entspannung jedes Organs und Zurückziehen des Bewußtseins.
6. *Dharana:* Fixierung des Bewußtseins auf verschiedene Körperteile.
7. *Dhyana:* Beständige Suggestion.
8. *Samadhi:* Erzeugung von Willensstärke und Bewußtseinskraft.

In dieser achtfachen Gliederung sind die letzten drei Punkte die wichtigsten für die gedankliche Analyse, die fünf anderen sind diesen untergeordnet. Eine ausführliche Beschreibung aller dieser Systeme wird später bei den Übungen gegeben. Zunächst muß man sich einige Punkte fest einprägen:

1. Habe sehr großes Selbstvertrauen, so daß du alles zu tun vermagst, was dir suggeriert wird.
2. Erwartung: Alles, was suggeriert wird, trifft auch ein.

3. Fortwährende Suggestionen.
4. Schalte das Wandern der Gedanken während der Übungszeit aus, damit die Praxis vollkommen ausgeführt werden kann.
5. Erinnere dich andauernd an das ewige Bewußtsein, das in dir durch dein Herz wirkt und sich in dir als dein ewiger Begleiter und Lehrer offenbart, um dich zu belehren und von allen Bindungen zu befreien. Es offenbart sich in dir in Form von verschiedenen göttlichen Tönen – *anahat nadam* – durch eine zarte ununterbrochene, nicht auszudrückende musikalische Schwingung im Kopf. Es ist ein leicht summender Ton, ähnlich dem ausgesprochenen Wort OM. Beunruhige dich nicht, wenn dies nicht der Fall ist. Zur gegebenen Zeit wird es geschehen. Wenn du es schon erfahren hast, benutze es jetzt in suggestiven Übungen.

2 Kraft der Suggestion:
Dharana, Dhyana und Samadhi

Das Universum wird von ewigen, unfehlbaren Gesetzen beherrscht. Diese ewigen Gesetze werden durch die Suggestion des uranfänglichen Bewußtseins regiert. Die Suggestion wirkt in jedem lebenden und nicht lebenden Sein, zu allen Zeiten, an allen Orten, in allen Erfahrungen und in allen Zuständen der Natur, als Erscheinung oder geistig zu Erkennendes, manifestiert oder nicht. Deshalb ist es äußerst notwendig, daß der Yoga-Schüler diese Gesetze versteht.

Acht Stufen oder Systeme des Yoga wurden schon erwähnt. Die letzten drei: *dharana* (Fixierung der Gedanken auf einen besonderen Ort außerhalb oder innerhalb des Körpers); *dhyana* (Suggestion) und *samadhi* (Entwicklung der Willenskraft und Intuition) sind unbedingt erforderlich für das Erlangen des höchsten Bewußtseins. Aus diesem Grund werden diese drei Stufen das innere Werkzeug des Bewußtseins genannt, während die fünf ersten die äußeren Werkzeuge heißen. Wenn man das höchste Bewußtsein erlangt hat, werden auch diese drei dem Bewußtsein untergeordnet.

Suggestion ist unter den Stufen die wichtigste. Sie ist die allen gedanklichen Erscheinungen zugrunde liegende Ursache und das mächtigste Werkzeug von *samadhi*. Das ganze Universum ist nichts anderes als Suggestion. Die Welt lebt durch Suggestion. Sie ist die größte Macht der Natur, so alt wie die Natur und so machtvoll wie sie. Jeden Augenblick bewegen wir uns durch unsere Suggestion. Zuerst denken wir, dann führen wir das Gedachte aus. Erst planen wir, dann vollenden wir den Plan. Das neugeborene Baby kann nicht wie ein junges Kind gehen. Es gibt seinem Körper ständige Suggestion durch den Gedanken, und nach ein oder zwei Jahren suggestiver Praxis und Versuche wird es wie ein Mensch gehen können.

Wissen oder alles, was wir jetzt erkennen, haben wir durch die Kraft der Suggestion empfangen. In der Schule, im College und auf den Universitäten lernen wir durch die Suggestion unserer Lehrer. Alle Neugeborenen sind unwissend. Während der Kindheit, der Jugend und als Erwachsener entwickelt man sich nach den Suggestionen, die man durch die Umwelt und durch innere Eindrücke empfängt. Durch fortwährende Suggestion wird das Kind zum Herrn über sich selbst. Jedes Wissen, das wir jetzt erwerben oder in Zukunft zu erwerben hoffen, empfangen wir durch die Kraft der Suggestion.

Selbst das Wissen, das dem Anschein nach unmittelbar zu uns kommt, wird durch die Kraft der Suggestion offenbar, die von der uranfänglichen schöpferischen Energie ausgeht, von dem universellen Geist, der allwissenden, allmächtigen, allgegenwärtigen universalen Intelligenz des Höchsten. Alles Wissen war hier, noch ehe du und ehe dieses Universum geboren wurde, und wird für immer hier bleiben, auch wenn du und das Universum vergangen sein werdet. Das gleiche gilt für die große Kraft der Suggestion.

Das Gesetz der Suggestion ist unfehlbar und absolut. Jeder, ob unwissend oder weise, reich oder arm, hochgestellt oder niedrig, jung oder alt, organisch oder unorganisch, lebendig oder ohne Leben ist der Kraft und dem Gesetz der Suggestion untergeordnet. Dieses Gesetz hat keine Ausnahme. Es nimmt keine Rücksicht auf Mensch oder Affen mit der einzigen Ausnahme derer, die sich mit dem Gesetz der Suggestion mit göttlicher Willenskraft gestärkt haben.

Alle Suggestionen werden früher oder später in Wirkung treten. Wir entwickeln unser gutes oder schlechtes

Leben entsprechend unserer dauernden Suggestionskraft. Sie ist der größte, einmalige Faktor in der Yoga-Praxis. Ohne das Wissen und die Methoden der Suggestion zu verstehen, kann niemand vollendetes Bewußtsein erlangen. Die Formen der Suggestion sind:

1. Physische Suggestion: Unser Körper wird mit jedem Gedanken auf eine bestimmte Weise bewegt. Bei einer Versammlung bewegt man die Hände den Worten entsprechend. Durch die Suggestion von Hand und Gesicht drückt man seine Gedanken einer Hörerschaft besser aus als ohne Handbewegung oder körperliche Suggestion. Solche und ähnliche Ausdrucksweisen heißen physische Suggestionen. Im Yoga aber reichen diese tiefer als nur ins Körperliche. Es sind verschiedene *mudras* (Bewegungen der Glieder und Finger etc. entsprechend dem Kreislauf der Kundalini-Kraft, der magnetischen Kraft im Körper). Es gibt zahllose physische Suggestionen, und jede bezieht sich auf einen besonderen Typ geistiger Entwicklung. Du wirst sie mit der Zeit durch eigene Erfahrung in der Yoga-Praxis kennenlernen.

2. Suggestionen der Sinne: Unaufhörlich geben und empfangen wir Suggestionen durch unsere Sinnesorgane. Kinder erkennen Zorn oder Liebe, die Eltern für sie empfinden, durch deren Augen. Wir lesen geschriebene Suggestionen mit den Augen und hören Vorlesungen in Schule und College mit dem Ohr. Wir riechen angenehme oder unerfreuliche Gerüche durch die Nase, nehmen mit der Haut Empfindungen und Temperatur wahr. Diese und ähnliche Suggestionen werden Suggestionen der Sinne genannt.

3. Wort-Suggestionen: Dies ist eine besondere Art von Suggestion. Sie ermöglicht das Wiederholen unserer Ideen und Gedanken und läßt uns mit der Zeit Erfolg erzielen. Lehrer unterrichten ihre Schüler durch Wort-Suggestion. Zahllose Verschiedenheiten solcher Wort-Suggestionen sind wahrzunehmen.

4. Gedanken-Suggestionen: Wenn eine Suggestion nur in Gedanken wiederholt wird, heißt sie gedankliche Suggestion. Dies ist die stärkste unter allen Suggestionen.

5. Suggestion der Umwelt: Wir empfangen, den Verhältnissen der äußeren und inneren Welt entsprechend, Suggestionen und antworten auf sie. Niemand kann äußerste Hitze oder Kälte ohne rechten Schutz für den Körper ertragen. Dies ist ein Beispiel für die Suggestion der Umwelt.

6. Autosuggestion: Diese Suggestion geben sich Yoga-Schüler selbst, um Vollkommenheit im Yoga zu erlangen.

Durch die verschiedenen Arten der Suggestion geben wir geistigen Kräften und Gedanken, auf denen alle Suggestionen beruhen, ihre Richtung. Niemand spricht ein Wort, macht eine Bewegung, ohne daß ein Gedanke vorausgegangen ist. Sprechen und handeln sind nur Beiwerk zu dem Gedanken und zeigen, was man denkt. So sind alle Suggestionen Verlängerungen der gedanklichen Suggestionen. Sie entspringen dem Gedanken und lösen sich wieder in ihm auf. Gedankliche Suggestion liegt allen Suggestionen zugrunde und ist selbst unabhängig. In der Vollendung wirkt also die gedankliche Suggestion allein ohne alles übrige. Alle anderen Suggestionen sind abhängig und können nicht ohne Denken arbeiten.

Wenn dieses oder die gedanklichen Schwingungen bis zu einem gewissen Grad beherrscht sind, und wenn die magnetische Kraft deiner Gedanken als Zeichen deines inneren Erfolges aus deinem Gesicht strahlt, dann kommen die Menschen, mit denen du Kontakt hast, unter den Einfluß dieser magnetischen Kraft. Sie vergessen ihre Schmerzen, Leid und Angst und werden friedlich und ruhig. Sie besiegen ihre Schwäche, und ihrer Vorbereitung entsprechend, wird sich Kraft in ihnen entfalten. Wenn Menschen dich Yoga-Übungen und andere tägliche Arbeit voller Freude verrichten sehen, werden sie, ohne daß du mit ihnen sprichst, auch danach streben, vollkommen ruhig zu werden. Dies geschieht, weil ernsthafte und begeisterungsvolle Menschen, die du anblickst, fühlen, daß Gedankenschwingungen von dir zu ihnen übergehen, um ihre Gedanken wachzurufen.

Sie fühlen diesen Einfluß und erkennen, daß du ihr Denken erleuchtest, ihnen hilfst, sie beschützt und führst. Vielleicht werden sie Yogis und erreichen Vollendung in ihrer Yoga-Praxis. Meistens laufen Menschen von Guru zu Guru, von Lehrer zu Lehrer, um von ihnen »geistige« Kraft zu erlangen. Das ist gedankliche Suggestion. Gedankliche Beeinflussungen sind so wirklich wie das Universum, das dich umgibt. Gedanken sind Dinge, und Dinge sind Gedanken. Energie wird durch das Denken erschaffen und kontrolliert. Das gilt auch in umgekehrtem Sinn. Die größte Kraft in der Welt ist die gedankliche Suggestion. Der Gedanke ist das Universum, und dieses ist die Manifestation des universalen Geistes. Gedanke ist Materie, und alle materiellen Dinge sind nur Ausdruck des Gedankens.

Geistige Wellen und Gedankenwellen, geistige Kraft und Gedankenkraft kennen nicht Ursache und Wirkung, Raum und Zeit. Sie sind jenseits der Kausalität. Deine Gedankenwellen können Millionen Kilometer entfernte Sterne beeinflussen. In einem Augenblick kannst du deine Gedanken zu einem Menschen hinschicken, der weit entfernt von dir ist. Du kannst vergangene und zukünftige Ereignisse in gleicher Weise erkennen, wie du auf Atlanten verschiedene Länder sehen kannst. Durch Yoga-Übungen kannst du diese übernatürlichen Kräfte erlangen. Yoga-Praxis vermag dein Denken in einen beständigen Sender und Empfänger zu verwandeln. Es kann in dir wie in einer ununterbrochenen Funkstation arbeiten. Wenn du ein Buch, eine Illustrierte oder eine Zeitung liest, wenn du etwas siehst, berührst, riechst, hörst oder tust, vollbringt dies alles die gedankliche Suggestion. Und doch weißt du es nicht. Wenn die gedankliche Suggestion nicht vorhanden ist, wirst du keinem Radio, keiner Vorlesung, keinem Konzert, auch keinem persönlichen Gespräch zuhören können. Dann kannst du gar nichts vollbringen. Wenn du etwas siehst, darüber nachdenkst und es erkennst, ist gedankliche Suggestion am Werk. Du kannst, wie du siehst, lesen, über philosophische oder andere Dinge gedanklich diskutieren, du kannst verschiedene Antworten suchen, verschiedene logische Beweisführungen anwenden, verschiedene Möglichkeiten miteinander vergleichen und alles mit deinen Gedanken ausführen. Und doch spricht der Gedanke nicht zu dir in der Art, wie wir zueinander sprechen. Die gedankliche Suggestion geschieht nicht mit Worten. In später erklärten Zuständen nimmt die gedankliche Suggestion andere Formen an.

Die Suggestion der Umwelt ist sehr wichtig für die geistige Entwicklung. Umwelt ist das, was dich umgibt, was um dich herum ist, was dich einschließt. »Geistig« bedeutet hier das Denken. Jede Suggestion, die um dieses kreist und Eindrücke im Denken erschafft, wird Suggestion durch die Umwelt genannt, die eine wichtige Rolle beim Erfolg der Meditation und Konzentration spielt. Schauplätze der Natur wie Wasserfälle, Meere, Flüsse und Wälder haben einen höchst bedeutsamen Einfluß auf das Denken. Darum suchen große Yogis natürliche Landschaften für ihre Meditation aus. Anfänger sollten dann und wann an gebirgigen Plätzen voll Schönheit der Natur einige Tage oder Monate Meditation üben.

Selbst der unruhigste Geist wird dadurch beeinflußt. Wenn ihre Meditation erfolglos bleibt, dann sollten Anfänger die Umgebung prüfen und eine bessere wählen.

Die Suggestion, die ein Schüler seinem eigenen Bewußtsein immer von neuem wiederholt, wird Autosuggestion genannt. Sie kann mit Worten, mit Gedanken oder durch die Umwelt hervorgerufen werden. Es gibt noch eine andere Art von Selbstsuggestion, die unmittelbare Suggestion, die nicht unbedingt im Bewirkenden selbst liegen muß. Sie kann ebenso mit Worten, Gedanken oder durch die Umwelt ausgelöst werden, vor allem aber geht sie von dem Wirkenden aus. Deshalb ist sie Teil der Autosuggestion. Manche halten sie für eine eigene Gruppe. »Auto« bedeutet selbst, Suggestion die unmittelbare Eingebung eines Gedankens. Dies geschieht durch Wort, Klang, Blick oder durch äußere und innere Umwelt. So bedeutet Autosuggestion: mit dir selbst sprechen und dir etwas suggerieren. Autosuggestion ist der Hauptteil der Konzentration. Wenn Yoga-Meister dich belehren, ist es Suggestion. Wenn sie selbst meditieren, ist dies Autosuggestion, das Leben der Meditation.

Eine Tatsache bleibt immer bestehen: Entweder du bekommst fortlaufend Suggestionen von deinen Gedanken, oder du befiehlst ihnen durch eigene Suggestion. Wenn du einen Augenblick nicht wachsam bist, beherrscht dich dein Denken durch Suggestion. Dies ist Knechtschaft und Schwäche. Wenn du aber ständig deine Gedanken beherrschst, werden sie dir gehorsam sein. Das ist Freiheit. *Samadhi* hängt von Autosuggestionen ab. In der Knechtschaft unterliegen die Menschen den Suggestionen ihrer Gedanken. Daraus entsteht Leiden. Alle Suggestionen müssen der Autosuggestion untertan sein. Man darf sie zulassen, wenn sie dieser nicht widersprechen. Sobald dies eintritt, müssen sie sofort unterbunden werden. Autosuggestion ist immer ein unmittelbarer, dynamischer Ansporn für *samadhi* oder eine andere Handlung.

Wenn eine Gedankenwelle aus dem Unterbewußten projiziert wird, gibt man ihr den Namen Suggestion. Nimmt man diese Gedankenwelle in Form einer Idee, eines Bildes oder Denkimpulses auf, dann wird sie Teil des Bewußtseins und Teil der individuellen Persönlichkeit. Hiernach handelt oder reagiert jetzt der einzelne. Die Gedankenwelle ist eine offensichtliche Denkkraft geworden, die sich weiter entwickelt, um, der verschiedenartigen Autosuggestion entsprechend, eine gute oder schlechte Gewohnheit hervorzubringen. Alle Suggestionen, durch Gedanken, Worte oder Umwelt hervorgerufen, wirken durch Autosuggestion. Darum ist alle Suggestion Autosuggestion. Man kann keine Arbeit ausführen, die man nicht zuvor sich selbst suggeriert hat. Wenn Menschen unter Schmerzen, Krankheit, Angst leiden, dann bedeutet das, daß diese eingeladen wurden, Teil ihrer Autosuggestion zu werden. Yogis geben den Yoga-Schülern den Rat, ihren Gedanken keine zerstörenden Suggestionen zu geben. Die meisten Menschen leiden unter diesen, die sie schon zuvor in Form von Gedanken und Bildern ihrem Bewußtsein gegeben haben. Yogis sind fröhlich und voll Ruhe, weil sie ihren Gedanken immer Göttliches suggerieren.

Suggestion ist der Schlüssel zur Meditation. Ohne Suggestion gibt es keine Meditation. Schlechte Suggestion macht das Leben unglücklich, gute macht es glücklich.

Zuerst wird die Suggestion dem Denken in Form von Ideen, Gedanken, Vernunft und Philosophie gegeben. Dann steigt sie hinab auf die Ebene der Sinne und des Wortes. Von daher kommt sie herunter in die Organe der Tätigkeit und nimmt die Gestalt der Handlung an. Und nun ist der Mensch so, wie seine Handlungen sind. Auf diese Weise hat die Suggestion vier Stufen:

1. Stufe des Gedankens: Denken, urteilen und ähnliches.
2. Stufe des Wortes: Fassen von Ideen.
3. Stufe der Tätigkeit: Handlungen entwickeln.
4. Stufe des Seins und des Werdens.

Bevor die Suggestion in die überreife Handlung ausbricht, bleibt sie im Unterbewußtsein ähnlich einer elektromagnetischen Kraft, und wenn sie zum Bewußtsein aufsteigt, wird sie zur »Gedankenkraft«, zum »Wissen« etc. Noch wird sie von den individuellen Eigenschaften eingeschränkt. Wenn sie aber durch *samadhi* zum überbewußten Zustand aufsteigt, wird sie zur universalen Kraft, zum höchsten Bewußtsein, zur immerwährenden magnetischen Kraft.

Autosuggestion ist unter allem die stärkste Energie und ist das beste aller Heilmittel. Sie kann den Menschen erheben, ihn verkleinern, Angst vor Schmerz fortnehmen, ebenso Angst vor Qualen, vor Leiden oder geistigen Konflikten. Letztendlich vermag sie den Tod zu überwinden und Freiheit, Befreiung von aller Knechtschaft zu erreichen. Selbst Anfänger im Yoga können jede körperliche Krankheit und Unordnung des Denkens durch Autosuggestion beheben.

Viele Menschen leiden, weil sie durch ihre zerstörerische Autosuggestion sich in ihre Lage hinein hypnotisiert haben. Durch Yoga-Schulung müssen sie diesen hypnotischen Zustand aus ihren Gedanken entfernen und einen natürlichen Zustand des Denkens, eine normale gesunde Verfassung aufbauen. Yoga nimmt die Hypnose fort. Der Mensch ist der Baumeister seiner eigenen Leiden, ebenso wie er Opfer der verhängnisvollen Suggestionen ist. Diese unheilvollen und zerstörenden Autosuggestionen bewegen sich weiter im Denken eines jeden, und viele moderne Filme, Fernsehsendungen, Geschichten und dergleichen kommen den negativen Autosuggestionen zu Hilfe. Glücklich veranlagte Menschen beherrschen diese schlechten Suggestionen und erfüllen ihre Gedanken mit göttlichen und verdienstvollen Autosuggestionen.

Der Anfänger sollte durch Autosuggestion von neuem Vertrauen in sein Denken bekommen. Auf diese Weise vermag er seine Leiden, Ängste, Phobien und andere bewußte oder unbewußte Gedankenwellen zu überwinden. Ziel dieses Lehrgangs ist es, den Anfänger zur Beherrschung seiner geistigen und körperlichen Nöte, Leiden und Krankheiten zu erziehen und ihm die Freude am Leben durch ein immerwährendes Bewußtsein zu geben. Dieser Kursus vermittelt eine besondere Technik der Konzentration mit ausführlichen Einzelheiten und Klarheit, so daß Anfänger wie Fortgeschrittene sich auf den Anfangsstufen mit göttlichen und ewigen Werten bereichern können.

Setze dich bequem auf den Boden oder auf einen Stuhl. Zuerst erinnere dich an deine Gedanken und an die geistige Kraft. Grüße alle göttlichen Seher, Lehrer und Yogi. Sei bereit, das Wahre und Segensreiche anzunehmen und dem Unwahren und Schädlichen zu entsagen. Beginne mit *dharana* (Fixierung). Hefte deine Gedanken fest auf *susumna* (das zentrale Nervensystem). Nun führe stetig und ohne Unterbrechung *dhyana* (Suggestion) aus *susumna* (dem zentralen Nervensystem) in verschiedene Körperteile ein. Zuerst beinflusse nicht alle Körperteile, sondern suche einen besonderen heraus, und gehe dann systematisch auf einen anderen über.

Zum Beispiel: Beginne mit den Beinen und entspanne sie durch deine Suggestion. Dann gehe weiter zu Bauch, Brust, Armen und Kopf. Benutze *dharana* (Fixierung), *dhyana* (Suggestion) und *samadhi* (Bewußtseinsstrom) in dieser Reihenfolge. Zu Beginn wird der Fortschritt sehr langsam sein. Vielleicht fühlst du während der ersten Tage, manchmal sogar einige Monate lang gar nichts. Fahre trotzdem täglich und regelmäßig mit deinen Übungen fort. Möglicherweise vermagst du in einem Augenblick deinen ganzen Körper zu entspannen. Dann fühlst du ein Meer von höchstem Bewußtsein in dir und um dich.

1. Zustand des *dharana*: Dies wird der wirkliche Lichtzustand genannt oder der Zustand der physischen Veränderungen. In diesem vermag der Schüler nicht seine Augen zu öffnen. Alle willkürlichen Muskeln (Hände, Arme, Beine etc.) werden entspannt und befinden sich in einem Zustand des Schlafes. Der Schüler ist sich dennoch völlig bewußt über alles, was der Lehrer ihn in seinem Kursus lehrt.

2. Zwischenzustand: Dieser zweite Zustand ist der des individuellen Denkens und Bewußtseins. Körper und Sinne stehen unter völliger Kontrolle der gedanklichen Suggestion. Sie fallen langsam in einen tieferen Schlaf, in eine tiefere Entspannung. Die Gedanken sind erleuch-

tet, und man spürt tatsächlich das Bewußtsein. Es wird zum Selbst des Betrachtenden. Dies ist der Zustand von *dhyana* (Suggestion), in dem alle Sinne relativ funktionieren und das Bewußtsein befreit wird von den Sinneswahrnehmungen und den Empfindungen der Bewegungsorgane. Es geht ein in das Meer des universalen Bewußtseins.

3. *Samadhi:* In diesem dritten Zustand ist der Körper im Tiefschlaf. Ohne Schmerzerfahrung kann eine Operation, selbst am Herzen, durchgeführt werden. Der ganze Körper liegt in tiefem Schlaf, der mit nichts zu vergleichen ist. Wir können feststellen, daß der Körper vollständig unter der Herrschaft der Gedanken steht, die im Meer des höchsten Bewußtseins versinken. Dies ist der tiefste Zustand geistiger Erleuchtung. In einem anderen Zustand öffnet sich die Wahrheit vor ihm, in diesem aber wird er selbst zur Wahrheit. Es ist die Stufe von *samprajnat samadhi* (vollkommener Erleuchtung), in der er sich selbst mit dem höchsten Bewußtsein identifiziert, mit dem höchsten Wissen, der höchsten Glückseligkeit, dem höchsten Sein.

Übe täglich und empfinde diese Zustände, die du allmählich erfahren wirst. In den ersten Monaten wird es dich Zeit und Anstrengung kosten, die erste Stufe zu erlangen. Wenn du sie aber erreicht hast, wirst du ein ungeheures Vertrauen und Begeisterung für deine Konzentrations-Übung gewonnen haben. Mit der Zeit hast du alle Stufen gemeistert. Erinnere dich millionenmal eines Wortes: Übung, Übung, Übung.

Es gibt noch einen vierten Zustand, *turiya* (*asamprajnata* oder *nirvikalpaka samadhi*) genannt. In diesem Zustand tritt der Schüler in das Bewußtsein ein, das Eines ohne Zweites ist. Hier erblickt er das ganze Universum in sich selbst und umgekehrt: sich selbst im gesamten Universum. Dies ist Nirvana, das Ende aller Übungen. Der Schüler empfängt die wahre geistige Form des Lebens. Bücher und Schriften können ihm hier nicht mehr helfen. Man gewahrt das Selbst durch die Macht des Selbst in gleicher Weise, wie alle Lichter bei Morgendämmerung durch die Sonne an Licht verlieren und man die Sonne nur durch ihr eigenes Licht sieht.

Jetzt sind wir am Ende der zweiten Stunde angekommen. Studiere die Lektion, verstehe sie. Lerne Kontemplation und Konzentration nach den Anweisungen, ehe du zu der nächsten Unterrichtsstunde übergehst.

3 Samyamah und Yoganidra – Trayama Ekatra Samyamah

Du bist jetzt mit den Begriffen *dharana, dhyana* und *samadhi* (Fixierung, Suggestion und Bewußtsein) vertraut. Nach wenigen Monaten der Praxis wirst du genügend Willenskraft besitzen, um deinen Körper in vollkommenes *samadhi* zu bringen. Wenn Fixierung, Suggestion und Bewußtsein zusammenarbeiten, können sie den Körper im Millionstel einer Sekunde in *samadhi* versetzen. Dies ist einem Wasserfall von magnetischer Kraft im Feld des individuellen Bewußtseins zu vergleichen. Wenn die psychischen elektromagnetischen Ströme der Fixierung, Suggestion und des Bewußtseins stetig zusammenfließen wie zu einem mächtigen Wasserfall, wird dies mit dem fachlichen Ausdruck *samyamah* (*sam*-vollständig, *yamah*-Beherrschung der Denkkraft) bezeichnet.

Nach beständiger Übung wirst du *samyamah* erlangen. In diesem Zustand nimmst du dir nicht die Zeit, den Strom deiner Gedanken und deines Körpers zu beherrschen. Auf deinen Befehl hin fällt der gesamte Körper oder irgendein Teil in tiefen Schlaf. Das Bewußtsein wird frei und beginnt in das Meer des ewigen Seins, des Bewußtseins und der Wohltaten einzutauchen.

Yoganidra ist die technische Form von Yoga. Yoga bedeutet Konzentration; *nidra* meint Schlaf, das heißt Schlaf, der sich aus vollkommener Konzentration ergibt. Wenn man jeweils den Begriff *samyamah* für allgemeine oder örtliche Konzentration benutzt, dann sinkt der ganze oder ein Teil des Körpers scheinbar in eine tiefe Lähmung. In diesem Zustand ist jeder Teil empfindungslos. Du kannst weder den ganzen noch einen Teil des Körpers heben oder bewegen. Aber erschrick nicht. Dies ist keine Lähmung. Es ist der höchste Sieg des Geistes über die Materie. Dieser Schlaf ist völlig verschieden von jedem anderen. Denn du kannst ihn nach deinem Willen hervorrufen und nach deinem Willen aufheben. Selbst wenn in diesem Zustand eine Herzoperation vollzogen wird, empfindest du keinen Schmerz. Es gleicht einer örtlichen Betäubung. In diesem Zustand nimmst du Schmerz, Bedrängnis, Gefühl, Temperatur nicht wahr. Werden Hitze oder Kälte, Schmerz oder Belastung einem Organ zugefügt, wirst du es nicht merken oder fühlen. Dieses *nidra* verdankst du deinem *samyamah*: der vollständigen Konzentration. Darum wird es *yoganidra* genannt. Der Körper liegt in tiefem Schlaf, und der Geist ist beständig wach.

Der Geist wird zum Herrn von Körper und Sinnen – nicht nur bildhaft, sondern er übt tatsächlich seine Herrschaft über Sinne und Körper aus. Ebenso wie Chirurgen bei örtlicher Betäubung oder Vollnarkose einen krankhaften Teil des Körpers entfernen, um dem Patienten die Gesundheit zurückzugeben, so entfernt der Yoga-Schüler bei örtlicher oder völliger Empfindungslosigkeit von *yoganidra* alle geistigen und körperlichen Krankheiten, die durch zahllose Wiedergeburten weiter wandern, und Krankheiten der Eltern, die durch die Chromosomen zeugungsfähiger Zellen ererbt wurden. Wenn alle geistigen und körperlichen Krankheiten entfernt sind, beginnt der gereinigte Gedanke, wie die mächtige Sonne nach Auflösung der Wolken zu leuchten.

Samyamah ist eine mächtige Gedankenkraft. Sein Erwachen erweckt Kundalini (die latente Kraft). Für diese Übung und zum Erwecken der Kundalini setze dich in eine bequeme Stellung. Rufe dir *samyamah* ins Gedächtnis. Beginne z. B. mit den Armen. Fixiere deine Aufmerksamkeit auf den ganzen Arm und leite die Suggestion in folgender Weise ein:

»Jetzt werde ich meinen Arm entspannen. Ich entspanne

den Arm. Ich entspanne meine Arme.« Wiederhole dies ununterbrochen. Dann sende die Suggestion: »Meine Arme entspannen sich, sie entspannen. Sie werden schwerer; sie werden sehr schwer, trotzdem ich sie bewegen, sie heben möchte. Ich kann das nicht, weil sie vollkommen entspannt sind. Mein ewiges Bewußtsein hat sie vollständig entspannt.« In dieser Weise wiederholst du die Suggestion. Eines Tages wirst du sehen, daß deine Arme wirklich entspannt sind. Du wirst Bewußtsein getrennt von deinem Arm empfinden, während dein Arm im Zustand von *yoganidra* ist. Jetzt wendest du die gleiche Formel, den gleichen Vorgang und dieselbe Suggestion auf einen anderen Körperteil an. So wirst du mit der Zeit Herr deines Körpers sein. Es ist sehr leicht, wenn du regelmäßig übst. Unermeßlichen Frieden und Glück wirst du erlangen, weil du die schlafende, doch in der Anlage vorhandene Energie des Selbst in dir erweckt hast.

Keine lohnende Leistung ist möglich ohne Übung, und nichts ist unmöglich, wenn man übt. Die Menschen, die große Yogis und Meister der Gedankenbeherrschung wurden, waren die gleichen wie du heute. Sie begannen ihre Yoga-Übungen und kamen allmählich soweit, daß sie den Tod besiegten.

Dies ist das Ende der dritten Unterrichtsstunde. Studiere alles genau, verstehe es und wende es an, bevor du zur nächsten Lektion übergehst.

4 Cittam: Gedanke, Ich und Intellekt –
Die geistigen Gesetze

Bevor wir in die Praxis der Konzentration eintreten, müssen wir den Geist und seine Gesetze verstehen. Hierfür ist die Beobachtung eines Kleinkindes, eines Kindes und eines geistig wie körperlich völlig entwickelten Menschen hilfreich. Das Kleinkind versucht, alles in den Mund zu stecken. Es kennt nicht den Unterschied zwischen Subjekt und Objekt, sondern sieht alles als sich selbst, will alles ergreifen und essen. Der Unterschied zwischen gut und böse ist ihm fremd. Ein Kind in der Entwicklung empfindet gut als gut und schlecht als schlecht, doch nur in Verbindung mit der Umwelt. Trotzdem versucht es den Gegensatz zwischen gut und böse und zwischen Subjekt und Objekt zu verstehen. Manchmal hält es irrtümlicherweise gut für böse und umgekehrt, aber es unterscheidet zwischen beiden. Ein völlig ausgewachsener, normaler Mensch sollte gut als gut und böse als böse mit ihren weitreichenden Einflüssen für seine Entwicklung begreifen. Er sollte weniger Zweifel haben und imstande sein, Dinge und Umgebung zu beurteilen.

Dieser Teil des Bewußtseins, der dem des Kleinkindes gleicht, begreift alles so, wie es ist. Wenn es sich entwickelt, wird es zum Ich-Bewußtsein. Es ist dann das Prinzip der Wirklichkeit. Der Teil des Bewußtseins, der das Wirkliche als wirklich und das Unwirkliche als unwirklich versteht, der die Wirklichkeit benutzt, um die Persönlichkeit zu entwickeln und das Unwirkliche aus dem Leben auszuschalten, wird Ich-Bewußtsein genannt (das im Wachstum ist). Das intellektuelle Bewußtsein ist der Teil des Bewußtseins, der urteilendes Verstehen ermöglicht, über das ein völlig entwickelter Mensch verfügt. Ich-Bewußtsein ist der ausführende Arm, während das intellektuelle Bewußtsein oder Über-Ich der rechtsprechende Arm ist. Es gibt allem die endgültige Entscheidung. Das Ich-Bewußtsein ist das Prinzip der Wirklichkeit, das Über-Ich ist höchste Wirklichkeit. Alle drei arbeiten zusammen. Sie sind niemals voneinander getrennt. Wenn diese drei auf der geistigen Ebene wirksam sind, erschaffen sie die Welt der Tiere. Wirken sie auf der Ebene des Ich-Bewußtseins, dann erschaffen sie die menschliche Welt. Ihr Zusammenwirken auf der Ebene des Über-Ichs oder der Vernunft öffnet den Himmel in ihrem Bewußtsein. Da alle drei zusammen auf verschiedenen Ebenen wirken, benutzt Yoga für sie einen fachlichen Ausdruck: *cittam*. Das bedeutet: Sitz von *citti*, Bewußtsein.

Die Bezeichnung »geistig« hat weitverbreitete Anwendung. Deshalb wird sie für alle drei Bewußtseins-Formen benutzt. Manchmal fühlen sich Anfänger verwirrt, aber sie sollten die Bedeutung dieses Wortes nach Sinn und Gebrauch verstehen. Wenn wir von den geistigen Gesetzen sprechen, meinen wir die Gesetze von Geist, Ich und Über-Ich (*cittam*). Wir meinen alle drei.

Um Yoga und Autosuggestion zu üben, wird es notwendig sein, Geist, Ich und Vernunft oder *cittam* und seine Gesetze zu verstehen. Ein Kleinkind entwickelt sich durch Wachstum des Geistes und des Körpers zu einem Kind und dieses zu einem Erwachsenen. So wird der Geist durch Yoga-Praxis in Ich-Bewußtsein verwandelt oder in das Prinzip der Wirklichkeit, und das Ich-Bewußtsein wird weiter verwandelt in das Prinzip der höchsten Wirklichkeit oder Intuition. Ebenso wie eine kindliche Natur von der Natur des Jugendlichen kontrolliert wird und die jugendlichen Gewohnheiten von denen der Erwachsenen beherrscht werden, so stehen die geistigen Gewohnheiten unter Kontrolle der Vernunft und der Intuition.

Cittam ist der Kampfplatz miteinander in Konflikt stehender Kräfte, auf dem der Kampf zwischen göttlichen und dämonischen Kräften ohne Unterbrechung ausgetragen wird. Der Yoga-Schüler muß seine dämonischen Kräfte beherrschen und göttliche entwickeln. Dies ist Ziel des Yoga. Die niedere Natur in Schach halten und die höhere entwickeln, ist Vorgang der Meditation.

Niemand vermag den Geist zu teilen, es sei denn zum Zweck des Yoga – in Entsprechung zu den Manifestationen des Bewußtseins. Für alle praktischen Zwecke wird Geist oder *cittam* in drei Ebenen eingeteilt:

1. Bewußter Geist: Beispiel, der Wachzustand.
2. Unterbewußter Geist: Beispiel, der Traumzustand und Tiefschlaf.
3. Überbewußter Geist: Beispiel, Konzentration und *samadhi*.

Es gibt noch einige Zustände, wie unbewußt und halbbewußt. Diese aber sind abnorme Zustände des Geistes und Teil des Unterbewußtseins.

Der bewußte Geist ist das Bewußtsein, das durch die eigene Funktion des physischen Gehirns oder Großhirns manifestiert wird. Es wird offenbar, entwickelt sich entsprechend des Wachstums des Großhirns und vergeht mit dem Körper.

Das Unterbewußte ist verantwortlich für die Bewegung des Herzens, für Kreislauf, Verdauung, Atmung, Erzeugung und Entwicklung von Organen etc. Es arbeitet im lebendigen Körper und kann auch unabhängig vom Körper wirken. Es geht niemals zugrunde.

Das Bewußtsein ist nur das Nebenprodukt bei dem ausübenden Prozeß des Unterbewußtseins und kann ohne dieses nicht bestehen.

Wenn durch Meditation, Kontemplation und Konzentration psychische Energie in höhere umgewandelt wird, ist dies der überbewußte Geist, ein freier Zustand des Bewußtseins, der nur in *samadhi* offenbar wird. Im allgemeinen haben die Menschen in ihrem Leben nur zwei Geisteszustände: den bewußten und den unterbewußten. In *samadhi* offenbart sich durch vollkommene Konzentration das universale Bewußtsein als Überbewußtsein.

Für Anfänger ist es nicht nötig, alle geistigen Gesetze zu erörtern. Die Erwähnung einiger aber wird dem Schüler helfen, genügend Beherrschung seines Bewußtseins und Unterbewußtseins zu erlangen, um durch die Kraft der Suggestion in den überbewußten Geistes-Zustand einzutreten.

1. Durch den überbewußten Geist wird das Überbewußtsein manifestiert. Der Mensch kann diesen Geist nur durch *samadhi* erlangen. Im Zustand des Überbewußtseins nimmt man einen unendlichen magnetischen Strom um sich und in sich selbst wahr. Man erfährt unsagbaren Frieden und Freude. Alle körperlichen und geistigen Krankheiten und andere Belastungen werden in diesem Zustand beseitigt. Man fühlt sich innerlich frei und erlangt unglaubliche Kräfte. Niemand kann die Freiheit des Unendlichen beschreiben. Das Erlangen dieses geistigen Zustandes ist Ziel des *samadhi*.

2. Das Ausströmen psychischer Energie auf dem Kundalini-Pfad oder durch *susumna* (das zentrale Nervensystem) manifestiert den Wachzustand des Bewußtseins, der bewußter Geist genannt wird. Er beherrscht bis zu einem gewissen Grad die Funktion der Organe und Sinne, etwa der willkürlich arbeitenden Muskeln, Organe und Körperfunktionen, der Tast-, Gefühls-, Geruchs-, Gesichts- und Gehörsinne etc.

3. Der bewußte Geist arbeitet vom Erwachen aus dem Schlaf bis zum neuen Schlaf.

4. Der bewußte Geist versucht der Wirklichkeit im Leben zu folgen, wenn er auch auf dem Weg zur Wahrheit großen Schwierigkeiten, manchmal sogar harten Schicksalsschlägen begegnet.

5. Der bewußte Geist nimmt durch geeignete Schulung, Erziehung und positive Umwelt zu. Ohne Schulung

und Erziehung und in einer ungünstigen Umwelt nimmt er ab.

6. Der bewußte Geist benutzt Kräfte der Induktion und Deduktion; Wahrnehmung und Schlußfolgerungen; Analyse und Synthese; Logik und Philosophie; Wissenschaft und Kunst.

7. Der bewußte Geist will Herr werden über Materie und Geistiges.

8. Der bewußte Geist ist der Geist des Wachzustandes und der Aktivität. Er ist der Geist des Erfolges und des Versagens.

9. Mit Hilfe des geistigen Bewußtseins vollbringst du dein Tagewerk. Es arbeitet wie eine Sendestation.

10. Der Geist hat völlige Freiheit, das Göttliche oder Dämonische zu wählen, und Macht, jeden Weg, Gedanken, Vorschlag, jede Suggestion nach eigenem Gutdünken anzunehmen oder zurückzuweisen.

11. Der bewußte Geist hat unbegrenzte Macht. Deshalb vollbringt er jede Handlung.

12. Der bewußte Geist kann nicht alles zur gleichen Zeit im Gedächtnis bewahren. Seine vergangenen Tätigkeiten und Erfahrungen nehmen die Form von Erinnerungen an, die im Unterbewußtsein aufgespeichert werden. Deshalb ist sein Gedächtnis begrenzt und unvollkommen.

Er erinnert sich entsprechend der Verfassung des zentralen Nervensystems. Wenn dieses degeneriert ist, vergißt der Mensch alles, selbst seinen Namen, seine Kinder, Familie, Stadt, Land etc.

13. Der bewußte Geist verursacht Knechtschaft oder Freiheit des Selbst. Wenn der Mensch einen materiellen und niederen Lebensweg wählt, verfällt der Geist der Knechtschaft. Wenn er umgekehrt den geistigen und höheren Lebensweg wählt, dann befreit er das Selbst.

14. Der bewußte Geist ist die führende Kraft aller Zustände und geistigen Bewußtseins-Stufen.

15. Der bewußte Geist kann Gift in Nektar verwandeln und Nektar in Gift; Hölle in Himmel und Himmel in Hölle; Leben in Tod und Tod in Leben; Sterblichkeit in Unsterblichkeit und umgekehrt. Kurz gesagt: Er hat die Kraft und völlige Freiheit, der Höchste auf dem Weg zu Gott und der Niedrigste auf dem Weg zum Dämonischen zu werden.

16. Der bewußte Geist bildet den grobstofflichen Körper (*sthula sariram*).

17. Die psychische Energie, die durch *ida* und *pingala* (das autonome Nervensystem) entladen wird, und deren Zentrum im Kundalini-Weg, *susumna* (dem zentralen Nervensystem) liegt, baut das Unterbewußtsein auf.

18. Das Unterbewußtsein wird in drei Teile gegliedert: in den feinstofflichen, den noch feinerstofflichen und in den allerfeinstofflichen. Die ersten beiden bilden *suksam sariram* (den feinstofflichen Körper), letzterer *susupti sariram* (den Kausalkörper).

19. Alle unwillkürlichen Körperfunktionen werden von dem Unterbewußtsein beherrscht, etwa die unwillkürlichen Muskeln und Organe, die Funktionen von Herz, Lungen, Verdauungsapparat, Stoffwechsel, Nieren und endokrinen Drüsen.

20. Das Unterbewußtsein arbeitet immerfort im Wachzustand, im Traumzustand, im Tiefschlaf, bei Schock, Koma, Unfall etc.

21. Bei anhaltendem Koma oder in der Betäubung arbeitet das Unterbewußtsein weiter. Folglich hört der Körper nicht auf zu atmen, und das Herz bringt weiter das Blut in Umlauf. Kurz, alle unwillkürlichen Funktionen sind am Werk.

22. Der bewußte Geist hat unendliche Macht, die Not des Lebens und die Leiden des Bewußtseins zu erleichtern. Aller Kummer, Leiden und geistige Qualen hören auf, weiter zu wirken. Wenn das Unterbewußtsein die Führung übernimmt und man sich in diesem Zustand

befindet, wird man bewußtlos genannt.

23. Das Unterbewußtsein ist das ewige Lagerhaus aller Erinnerungen, Tätigkeiten und Erfahrungen. Sie werden durch die Zustände des Bewußtseins, des Wachens, des Traumes und des Tiefschlafs getrieben.

24. Das Unterbewußtsein hat absolute Kontrolle über alle Funktionen und Empfindungen des Körpers.

25. Der bewußte Geist ist allen Suggestionen zugänglich, seien es geistige, wörtliche oder solche durch Umwelteinflüsse. Sie müssen nur in rechter Weise gegeben werden.

26. Traum und Tiefschlaf sind die besonderen Veränderungen des Unterbewußtseins.

27. Das Unterbewußtsein reagiert entsprechend der Intensität, der Menge und dem Grad der Suggestion. Auf starke und direkte Suggestionen antwortet es stark und direkt. Auf Suggestionen, die von mittlerem Grad sind, und durch Vermittlung wirken, reagiert es in mittlerem Umfang und durch Vermittlung. Sind sie schwach, schwächer, am schwächsten, wird die Antwort dementsprechend sein. Wenn sie in einem Schlafzustand sind, wird das Unterbewußtsein sie in einem Schlafzustand registrieren und keine Handlung wird erfolgen.

28. Das Unterbewußtsein ist ohne Namen, Form und Persönlichkeit, während der bewußte Geist über Namen, Form und Persönlichkeit verfügt. Das Unterbewußtsein wirkt gottähnlich und erwartet keine Belohnung, während das Bewußtsein menschenähnlich handelt und nichts ohne Gegenleistung und Entschädigung tun will.

29. Wenn Bewußtsein und Unterbewußtsein sich begegnen, werden sie in den überbewußten Geist verwandelt.

30. Der überbewußte Geist lebt ewig. Sein Wissen, sein Bewußtsein, Frieden, Glück und Wohltaten hören niemals auf. Ewig ist auch sein elektromagnetischer Ein-

fluß, ebenso seine Herrschaft über alle Zustände des Geistes. Er ist das letzte Gesetz, das dem Yoga-Schüler volle Freiheit gibt. Dein Erfolg in Yoga hängt von der Manifestation des überbewußten Geistes ab.

Bedenke: Alle Geisteszustände sind im Verhältnis zueinander wirklich. Deshalb sind sie bedingt. Nur dem überbewußten Zustand ist bleibende Wirklichkeit gegeben. Deshalb ist er unbedingt. Wenn er am Firmament des Geistes aufdämmert, verschwinden alle Zustände, so wie die Nacht vor der Morgendämmerung weicht. Jeder, ob hoch oder niedrig, reich oder arm, unwissend oder weise, gesund oder krank, hat die Möglichkeit, diesen Zustand zu erreichen, aber er wird erst vollkommen manifestiert durch *samadhi* (Konzentration). Alle Geisteszustände bewegen sich spielerisch in diesem Zustand, der ihre Grundlage ist.

Nun seid ihr am Ende der vierten Unterrichtsstunde angekommen. Zweck des Yoga ist, dem Schüler bei der Entwicklung des Überbewußtseins zu helfen. Wir beschäftigen uns mehr mit der Praxis als mit Theorien ohne praktische Anwendung, mehr mit körperlicher und geistiger Entwicklung als mit trockener Philosophie, mehr mit Einfachheit als mit Kompliziertheit. Die Gesetze und Grundregeln, die Yoga lehrt, gewinnen mit großer Schnelligkeit Antriebskraft, weil diese Gesetze mit der modernen Forschung und den Untersuchungen der Wissenschaft und Psychologie übereinstimmen und weil Yoga nutzlose Theorie vermeidet, die den Studenten der Philosophie und Wissenschaft nur verwirrt.

Yoga-Lehren sind abgestimmt auf das Wirken der ewigen Gesetze der höchsten Natur und unterstützen nicht falsche Spekulationen und Abstraktionen.

5 Die Regeln für Yoga-Praxis

Bevor du die Methoden des Yoga-Systems kennenlernst, ist es äußerst wichtig, daß du das Verhalten der Yogis verstehst. Besonders wichtig sind folgende Regeln:

1. Behalte im Sinn, daß du dich ernsthaft entschieden hast, dein Leben neu zu gestalten und dein Bewußtsein wie Unterbewußtsein in das Überbewußtsein zu verwandeln.

2. Nimm, so gut du kannst, Wahrheit auf und entsage der Unwahrheit und dem Vorurteil möglichst schnell.

3. Jede geistige und körperliche Bedingung steht in Einklang mit dem Urteil des höchsten Bewußtseins und der höchsten Natur. Das Kind weint vielleicht, wenn eine Operation notwendig ist, aber die Eltern entschließen sich dazu, um es zu retten. In gleicher Weise bist du unglücklich und voll Angst, aber diese Operation deines geistigen Bewußtseins-Zustandes ist von der Natur erlaubt, um dich vor Zerstörung zu bewahren. Selbst der Tod ist nichts anderes als die größte Operation. Durch diese wird das Alter entfernt und das Selbst wieder als Kind geboren. Erwäge dies und werde frei von allen körperlichen und geistigen Sorgen.

4. Ein unglücklicher und unruhiger Geist kann sich nicht konzentrieren. Mache jede mögliche Anstrengung, um deinen Gedanken Ruhe und Frieden zu geben. Der Maßstab für die Zulassung zu Yoga ist ein friedvoller und fröhlicher Geist.

5. Verstärke die Atmosphäre der Erwartung und entferne Melancholie aus deinem Geist.

6. Habe Selbstvertrauen und glaube an deinen Geist und daß du den höchsten Zustand erreichen kannst.

7. Verliere nicht das Vertrauen, wenn du bei deiner Praxis keine positiven Ergebnisse erlangst. Deine Unerfahrenheit macht es dir noch unmöglich, die positiven fortschrittlichen Veränderungen geistig zu erkennen. Du hast sicher noch die überkommene Angewohnheit, auf die Rückseite deiner geistigen Verfassung zu blicken.

8. Gewöhne dich daran, als Zeuge neben jeder geistigen Tätigkeit zu stehen. Dann wirst du dich davor bewahren, Vollstrecker deiner Gedanken zu werden, und wirst als Lehrender ihr Führer. Spiele nicht mit deinen Gedanken, als seist du ihr Diener und Handlanger. Sonst werden dich Schicksalsschläge treffen.

9. Weisheit im Reden, Einfachheit im Verhalten und Festigkeit in Gedanken sind untrügliche göttliche Werkzeuge, die den Erfolg sichern.

10. Du mußt deine Gedankenwellen konzentrieren durch äußerstes und vollkommenes Vertrauen zu dir selbst und zur Natur in dir und um dich, die zahllose Sonnen, Sterne und Planeten hervorgebracht haben.

11. Sei nicht nervös, da dies deine Übungen stören kann.

12. Erkenne: Geistige und natürliche Kräfte wollen dir etwas vermitteln, was du niemals zuvor gesehen hast. Sie wollen dich mit göttlichen und ewigen Kräften bereichern. Ewige Kräfte sind dir ständig zu Diensten, ob du es weißt oder nicht. Sie helfen dir von deiner Geburt und nach deinem Tod, wenn keine materiellen Dinge dich mehr begleiten können. Wohin du auch gehen magst, sie erwarten dich.

13. Gedenke: Du kannst alles und jedes tun, was irgendein großer Yogi oder Heiliger in der menschlichen Geschichte vor dir getan hat. Deine Leistungen können dich zu einem Sohn Gottes machen. Die höchste Lei-

stung kann dich sogar mit Gott verbinden. Dem Geist ist nichts unmöglich.

14. Bei allem verhält sich eine Gedankenwelle stets skeptisch. Halte dies nicht für etwas Gewöhnliches. Versuche sie mit Hilfe deines Lehrers und durch Schulung in rechter Weise aufzulösen. Sonst wird Skepsis deine Übungen vernichten. Hier und auch später gibt es für den Skeptiker keinen Erfolg und kein Glück. Von Anfang an wird die Skepsis versuchen, Zweifel und Argwohn in deiner Schulung anzulegen. Nach einigen Tagen der Praxis aber werden diese Gedankenwellen die ersten sein, die deinem Erfolg in der Konzentration Beifall spenden.

Die skeptischen Gedanken weigern sich zuerst, irgend etwas zu erkennen, da sie nur Tatsachen, nichts als Tatsachen sehen. Sie können keine Philosophie, keine Religion, keine Götter, keinen Gott erkennen, sondern nur unmittelbare Erfahrungen. Du mußt deshalb beständig üben, diese Wellen zu besiegen. Dann werden sie deine erfolgreichen Versuche anerkennen. Wenn sie unmittelbar den ewigen elektromagnetischen Strom des höchsten Bewußtseins wahrnehmen, dann erkennen sie dein Können an und werden zum Kreis deiner engsten Freunde gehören. Sobald du deine skeptische Natur gemeistert und die rechte Methode der Autosuggestion (*dhyana*) erlangt hast, werden dir mächtige Gedankenwellen zur Verfügung stehen, und die schwächer gewordenen Gedanken, die noch vorhanden sind, können dich nicht mehr beunruhigen. Du hast die Wahrheit erblickt. Du bist jetzt nicht nur Herr deiner Gedanken, sondern wirst auch alles materielle Denken beherrschen.

15. Yoga-Praxis wird das dritte Auge in dir öffnen, das Yoga-*dristi*, *divya dristi*, »göttliches Auge« genannt wird.

16. Befiehl deinen materiellen Gedanken, vollständig zu schweigen, und beherrsche sie ganz. Wenn du diese

Kontrolle erreichst, kann nichts mehr deine Übungen stören.

17. Übe ernsthaft. Machst du deine Praxis nur leichthin, besteht Gefahr, daß du Glauben, Vertrauen und Begeisterung zu dir selbst verlierst.

18. Fürchte dich nicht, wenn du eine außergewöhnliche Vision hast. Sonst kannst du einen nervlichen Zusammenbruch erleiden, oder es werden sich Furcht vor Gespenstern oder dem Tod in deinen Gedanken einnisten. Dir kann kein Schaden zugefügt werden. Versenke dich tief in deine Übung. Gib deinem Körper eine bequeme Stellung, und bald vermagst du ihm magnetische Kräfte zuzuführen. Dein Geist wird in kurzer Zeit zur Erleuchtung geführt.

19. Es gibt noch eine besondere Störungswelle in deinen Gedanken: die Welle des Hochmuts. Du erlangst praktischen Erfolg und manchmal bringt dies Eigendünkel, der zu Heuchelei führt. Sei vorsichtig. Nimm diese Welle nicht in deinem Bewußtsein auf. Sie kann dich zerstören. Was du tust, ist nichts anderes, als was Yogis zuvor vollbracht haben. Du bist es nicht, sondern es ist das höchste Bewußtsein, die höchste Natur, die dich zum Dienst für alle Lebewesen in der Welt einsetzen wollen. Nimm dich in acht, daß du nicht hochmütig und eingebildet wirst. Ehre jeden mehr als dich.

20. Eine richtige und klar zugeordnete Suggestion ist wichtig für deine Gedanken. Wenn du nicht mit einer deutlichen und mächtigen Autosuggestion beginnst, werden deine Gedanken dir eine eigene geben, und du wirst von ihnen beherrscht. Regiere deine Gedanken mit machtvoller Autosuggestion und lasse dich nicht von deinem materiellen Denken beherrschen.

Du hast jetzt die fünfte Unterrichtsstunde beendet. Schließe die Augen und rufe alle Regeln in dein Gedächtnis zurück. Betrachte sie, lies noch einmal die Lektion durch. Schließe die Augen und erinnere dich. Mache dies so lange, bis du die Lektion auswendig kannst.

Bereichere dich durch Kenntnisse der Anatomie, Physiologie, Psychologie und andere Wissenschaften, damit du den größten Erfolg in der ewigen Yoga-Weisheit erreichst.

Nichts ist größer als Selbst-Erkenntnis. Mache die Autosuggestion (dhyana) zu einer lebendigen Kraft in deiner Konzentration. Lies dies und denke daran. Übe es und fühle es.

6 Tratakam
Schulung des Blickes

Wenn Fixierung, Suggestion und Empfindung (*samyamah* – vollkommene Konzentration) auf die Oberfläche des Körpers oder auf irgendein äußeres Objekt gelenkt werden, dann wird dies *tratakam* genannt. Um sicheren und frühzeitigen Erfolg zu erlangen, sollte man sorgfältig diesem Text oder dem Lehrer folgen. Ich möchte hier auf einige äußerst wichtige Methoden und Regeln für *tratakam* (Konzentration mit offenen Augen) hinweisen.

Ein Befehl gebendes *tratakam* (Blick) ist fast ebenso wichtig wie die Suggestion. Um Gedankenwellen zu beherrschen und die geistige Unruhe einzudämmen, ist ein starker Blick unbedingt erforderlich. Es ist äußerst wichtig, die Herrschaft über *pratyahara* und *yoganidra* zu erlangen, die später in diesem Lehrgang aufgezeigt werden. Suche dir ein ruhiges, eigenes Zimmer für diese Übung aus. Die Einteilung ist folgendermaßen:

1. Oberfläche des Körpers.

   a. Blick auf die Nase: Halte deine Augen halb geschlossen, halb offen. Blicke unbeweglich auf die Nasenspitze. Übe dies regelmäßig, morgens und abends.
   Werden die Augen müde oder tränen sie, dann schließe sie vollständig und meditiere eine Minute in diesem Zustand. Nachdem die Müdigkeit beseitigt ist, beginne erneut mit deiner Übung. Zu Anfang wirst du verschiedene Reaktionen empfinden wie Kopfschmerzen, Schwindel, Benommenheit. Bekümmere dich nicht um sie. Es sind Reaktionen, die kommen und gehen. Sobald du eine spürst, schließe die Augen und meditiere über *anahat nadam*, den OM-Ton. Du mußt

deine Schulung allmählich verstärken. Praxis wird dein *tratakam* erhöhen. Zu Anfang übe in Perioden von fünf Minuten. Der Blick auf die Nase (*tratakam*) wird deine Kundalini-Shakti erwecken, die als Möglichkeit der Kraft in *susumna* (dem zentralen Nervensystem) liegt.

Tratakam erregt alle Zentren im Gehirn durch die Nervenzentren des Gehirns und des Rückgrats, vor allem die Seh- und Geruchsnerven-Zentren durch Nervenfasern. Du wirst zuerst einen wunderbaren Geruch wahrnehmen, der dich umgibt, und alle Schmerzen in deinem Kopf besiegen. Das Nebenprodukt dieser Übung ist ein wunderbares Gedächtnis. Diese Praxis wird dir bald ermöglichen, die wandernden Gedanken in Zucht zu halten.

Wenn die einige Monate lang weiter übst, den Blick auf die Nase zu fixieren, dann wirst du geistige und körperliche Krankheiten beherrschen können. Auf diese Weise erfährst du eine wohltätige Wirkung auf deine zuvor unsteten Gedanken.

Warnung: *Nasagra dristi* (Blick auf die Nase) beeinflußt unmittelbar das ganze Zentralnerven-System wie das periphere durch die Geruchs- und Sehnerven und durch die Nervenfasern, die zu verschiedenen Nervenzellen im Zentralnerven-System verlaufen. Deshalb sollte dieser Blick sehr langsam und vorsichtig geübt werden und niemand sollte diese Praxis unternehmen, ohne zuerst einen erfahrenen Lehrer zu befragen.

b. *Brumadhya dristi* (Blick auf die Stirn): Fixiere deine ganze Aufmerksamkeit auf die Mitte zwischen den Augenbrauen. Wende deine halb geschlossenen Augen auf den Raum zwischen ihnen. Ebenso wie der Blick auf die Nase ist der auf die Stirn eine kraftvolle Übung, um die wandernden Gedanken und das Bewußtsein zu kontrollieren.

Vergleich zwischen dem Blick auf die Nase und dem

auf die Stirn: Durch beide werden das zentrale und das autonome Nervensystem mit Hilfe verschiedener Gehirnnerven erweckt, vor allem die Nerven, die Nase, Augen, Gesicht und Hals beleben. Im Blick auf die Nase werden Fixierung, Suggestion und Bewußtsein auf die Nasenspitze gerichtet und durch sie auf das zentrale Nervensystem, während der Blick auf die Stirn diese drei auf den Raum zwischen den beiden Augenbrauen lenkt, der im allgemeinen das »dritte Auge« genannt wird. Denn es öffnet das Auge der Erkenntnis. Beim Blick auf die Nase ist die obere Hälfte der Augen geschlossen, die untere geöffnet, während beim Blick auf die Stirn die untere Hälfte geschlossen und die obere Hälfte der Augen offen ist. Durch Praxis wirst du mit diesen Unterschieden vertrauter werden.

2. *Tratakam* auf äußere Gegenstände: Wähle das Bild eines vollkommenen Yogi oder eines verehrten Lehrers. Du kannst auch irgendeinen kleinen runden Gegenstand an der Wand deines Zimmers aussuchen, wenn du keinen Erleuchteten kennst: einen runden Gegenstand, eine Miniatur, einen kleinen kreisförmigen Punkt oder eine Null. Betrachte dieses erwählte Objekt als Symbol der unendlichen Natur und denke, daß du durch den Blick auf das Symbol deine Augen auf das höchste Bewußtsein und die höchste Natur heftest. Du mußt dich in einer Stellung und Lage befinden, in der du diesen Gegenstand unschwer sehen kannst: nicht zu weit, noch zu nah davon. Blicke unverwandt auf den Gegenstand. Übe ununterbrochen und regelmäßig, starre aber niemals so lange hin, daß deine Augen ermüden. Fühlst du in diesem Zustand eine zu starke Spannung, dann schließe die Augen und meditiere. Nach wenigen Monaten regelmäßiger Praxis wird deine Fixierung des Blickes auf das Objekt fast unbegrenzt zunehmen ohne Spannung, Müdigkeit und ohne zu blinzeln.

Hast du dennoch das Gefühl, als kämest du nicht voran oder als würdest du zu langsam im *tratakam* Erfolg haben, oder hast du andere Schwierigkeiten, vielleicht Verspannungen, dann wiederhole folgenden Vorgang: Halte mit zwei Fingern, dem Zeige- und Mittelfinger, die du leicht auf die Augenlider legst, diese einige Sekunden lang geschlossen und gib dir die Suggestionen: »Ich entspanne meine Augen; ich entspanne meine Augenlider.« Wiederhole diese Suggestion. Dann wirst du langsam die Empfindung haben, daß Anspannung, Müdigkeit und andere Schwierigkeiten überwunden und die Augen im Schlafzustand des *yoganidra* schwer werden. Dieser Vorgang wird alle Sorgen beseitigen. Übe *tratakam*, um Willensstärke zu erlangen. Das ist wichtig für deinen späteren Erfolg in *pratyahara* und *samadhi*. Zusätzlich wirst du auch ein sehr großes Selbstvertrauen und Begeisterung für die Übung gewinnen.

3. *Tratakam* auf ein blaues Licht: Stelle eine Nachttischlampe mit einer blauen Birne von sehr geringer Voltzahl an das Fußende deines Bettes oder an einen anderen geeigneten Platz, so daß du leicht deinen Blick darauf fixieren kannst. Schalte die Lampe ein, und lege dich auf das Bett oder setze dich in sehr bequemer Haltung auf einen Stuhl, Arme und Beine in einfacher, entspannter Lage. Kein Glied darf angespannt oder starr sein. Strecke Beine und Arme von deinem Körper fort. Du kannst diesen Blick üben, indem du Arme und Beine gesondert oder beide gemeinsam kreuzt. Fixiere deinen Blick jetzt unmittelbar auf die Birne, ohne mit den Augen zu zucken. Das Licht ist genau über deinem Kopf und du siehst absichtlich dorthin. Dein Blick muß fest, ungebrochen und beständig sein. Konzentriere dich vollständig auf die Birne. Beginne mit *pratyahara*. Entspanne deine Beine, Bauch, Brust, Hals, Arme und Kopf. Fühle, daß dies geschieht. Sie sind entspannt, sie werden magnetisiert. Jetzt sind sie vollständig magnetisiert.

Fühle, daß der gesamte Körper voller magnetischer Schwingungen ist.

Allmählich verlierst du jede Empfindung in deinem Körper. Deine Muskeln sind betäubt, dein Mund entspannt. Du trittst in die Welt des *samprajnata samadhi* ein. In kurzer Zeit wirst du deine Glieder nicht mehr bewegen können. Du wirst in den tiefen Yoga-*samadhi* fallen. Vergiß niemals, *dharana, dhyana* und *samadhi* (Fixierung, Suggestion und Empfindung) zu wiederholen. Tue dies solange du noch nicht identisch mit dem höchsten Bewußtsein geworden bist. Wenn du weiter übst und zum Fachkundigen geworden bist, dann entwickelst du mit der Zeit die Willenskraft, die dein Unterbewußtsein soweit beherrscht, daß es deinen bewußt gegebenen Befehlen gehorcht.

Anmerkung: Du kannst die gleiche Übung fortführen, indem du 1. die Birne hinter dich stellst und dich auf das Licht konzentrierst, das durch die Birne in dein Zimmer geworfen wird, oder indem du 2. das Licht hinter ein Bild oder einen Gegenstand stellst.

Das Yoga-System unterweist dich in den verschiedenen Methoden zur Kontrolle der Gedankenwellen und zum Erwecken von *samadhi* (dem Zustand des höchsten Bewußtseins). Diese Methoden wurden von zahllosen Yoga-Schülern durch eigene Versuche geprüft und verbessert.

Abgesehen von allen Methoden, die du lernst, um *samadhi* und *yoganidra* hervorzubringen, mußt du stets äußerst sicher und positiv eingestellt sein, um deine Gedanken durch machtvolle Suggestion zu beherrschen. Du darfst dir niemals sagen: »Ich will versuchen, mich zu konzentrieren; ich will versuchen, meine Gedanken in Zucht zu halten und versuchen, meine Schwierigkeiten auszuschalten.« Das sind schwache Suggestionen und können negative Ergebnisse hervorrufen, auch große Fehlschläge auslösen und Zweifel an deinem Können erwecken. Wende niemals eine negative Behauptung an.

Führe deine Suggestionen mit absoluter Sicherheit auf folgende Weise aus: »Ich beherrsche mein Bewußtsein und alle Gedankenwellen. Ich magnetisiere meinen ganzen Körper. Ich konzentriere mich auf die höchste Natur und das höchste Bewußtsein, die von ewigem Sein sind, in denen Weisheit und Frieden liegen und die meine wirkliche Natur sind.« »Ich bin unsterblich und bin die Inkarnatiom der Gerechtigkeit. Ich bringe jetzt meinen ganzen Körper für eine bestimmte Zeit in den Zustand von *yoganidra*.« Eine ungeahnte Fülle von Suggestionen, von Erwartung, Begeisterung und Vertrauen ist für dich von höchster Wichtigkeit, bevor du mit dem Blick auf die Nase und anderer Yoga-Praxis beginnst.

Geistige Kräfte und die Natur schauen auf dich mit großer Achtung. Die höchste Natur ist immer bereit, dich mit ewigem Sein, mit Wissen und Frieden zu segnen.

Erinnere dich an dieses Bekenntnis:

»Ich will die höchste Wahrheit und Wirklichkeit und das höchste Ziel meines Lebens in dieser Welt erreichen – gleichgültig, ob mein Körper mir bleibt oder in Stücke zerfällt. Meine Knochen und mein Fleisch können völlig vernichtet werden oder bei mir bleiben – ich werde die wahre Form des Universums erlangen. Durch zahllose Inkarnationen empfing ich gute Voraussetzungen: Ich habe einen menschlichen Körper bekommen, ich will diese herrliche Gelegenheit nicht verlieren und will mit Gewißheit *samadhi* und die wirkliche Form des Bewußtseins erlangen. Unglücksfälle mögen kommen, Berge an meinem Kopf zerschellen, ich aber werde mein Gelübde an dich, Buddha, nicht vergessen, *nirvanam* zu erlangen.«

Mache dir dies bewußt. Dann wirst du siegen.

Nun bist du am Ende der sechsten Unterrichtsstunde. Schließe das Buch, lege es eine Zeitlang fort und lies es dann langsam wieder, bis du die Lektion auswendig kannst.

7 Pratyahara

Du hast jetzt schon die einführenden Kapitel deines Lehrganges beendet. Nun bist du vorbereitet für die fortgeschrittene Konzentration. Durch *pratyahara* wird sie dir gegeben.

Die Zurücknahme der Energie und des Bewußtseins von der gewohnheitsmäßigen objektiven Tätigkeit der Organe und die gedankliche Fixierung dieser Energie und des Bewußtseins durch *susumna* (zentrales Nervensystem) wird *pratyahara* genannt. Dieses hat zwei Hauptteile:

1. Die Zurücknahme der Energie und des Bewußtseins von den Organen.
2. Die Vereinigung der zurückgenommenen Energie und des Bewußtseins mit dem zentralen Nervensystem, dem Geistigen durch *susumna*.

Diese beiden Teile des *pratyahara* arbeiten gleichzeitig mit *samyamah* (Fixierung, Suggestion und Empfindung). Deshalb ergänzt *pratyahara samyamah*. Ohne *pratyahara* kann man *samyamah* nicht ausführen.

Pratyahara wird in zweierlei Weise auf den Körper angewandt: 1. örtlich, 2. allgemein.

Entsprechend diesen beiden Anwendungen von *pratyahara* gibt es zwei Gruppen der Konzentration:

1. örtliche Konzentration im örtlichen *pratyahara*.
2. Allgemeine Konzentration im allgemeinen *pratyahara*.

Wenn *pratyahara* örtlich in Arme, Beine, Rumpf, Hals, Gesicht, Augen etc. gelenkt wird, dann nennt man es örtlich. Denn in diesem Augenblick ist die Zurücknahme der Energie und des Bewußtseins auf diesen besonderen Körperteil beschränkt. Die Vereinigung von Energie und Bewußtsein mit dem zentralen Nervensystem des Gehirns wird hierdurch erreicht. Fixierung, Suggestion und Empfindung (*samyamah*) arbeiten ebenso zusammen. Das Ergebnis ist, daß dieser besondere Teil auf deinen Befehl hin magnetisiert wird.

Wenn *pratyahara* zur gleichen Zeit über den ganzen Körper verteilt wird, spricht man vom allgemeinen *pratyahara*. Denn in diesem Augenblick werden Energie und Bewußtsein aus dem ganzen Körper herausgezogen, ganz allgemein aus allen Organen der Wahrnehmung und Bewegung. Diese Energie und das Bewußtsein vereinigen sich mit dem zentralen Nervensystem des Gehirns durch das ganze zentrale Nervensystem hindurch.

Für den Anfänger sind dennoch allgemeines *pratyahara* und allgemeine Konzentration erschwert. Sie sollten zuerst örtliche Konzentration und örtliches *pratyahara* üben. Diese führen letztendlich zu dem allgemeinen *pratyahara* und der allgemeinen Konzentration.

Die Energie des Unterbewußtseins ist weit verbreitet und wird beständig vom autonomen Nervensystem mißbraucht. Wir haben zahllose Wiedergeburten hindurch unserem Unterbewußtsein materielle Suggestionen gegeben, die jetzt automatisch funktionieren und nicht unter unserer Herrschaft stehen. Wir haben uns durch eigene Fehler und falsche Suggestionen in die Beschränkung des Körpers hinein hypnotisiert, obgleich unsere wirkliche Natur ewig, allwissend, allmächtig und allgegenwärtig ist.

Pratyahara ist der Vorgang der Sinnes-Wahrnehmungen, der die Kraft aus dem Unterbewußtsein zum Bewußtsein und Überbewußtsein hinüberführt und den hypnotischen Einfluß der Unwissenheit aus dem Bewußtsein entfernt. Auf diese Weise wirst du Energie und Bewußtsein beherrschen und über den Gebrauch dieser Energie verfügen. Wenn beide deinem Befehl unterstehen, bist du fähig, alle geistigen und körperlichen Krankheiten ebenso wie die Unwissenheit zu beseitigen. Stehen geistige und körperliche Krankheiten unter Kontrolle und ist die Unwissenheit aus deinem Leben entfernt, scheint das ewige Bewußtsein voller Glanz in dem überbewußten Bereich des Geistes auf, so wie die Sonne am Himmel erstrahlt, wenn die Wolken sich auflösen.

Du wirst in der Praxis von *pratyahara* allmählich ein klares Verständnis für die Kraft der Fixierung, der Suggestion, der Empfindung und des Bewußtseins erlangen. Dies wird deine Willenskraft entwickeln, und wenn es bis zu einem gewissen Grad geschehen ist, wirst du mehr Selbstvertrauen haben.

Übung magnetischer Wahrnehmung. Das Universum ist angefüllt mit Magnetismus. Mächtige magnetische Ströme fließen in und um uns. Wir leben unaufhörlich in einem magnetischen Meer, aber Anfänger können diese Wahrheit nicht erkennen. Wir geben ihnen hier einige einfache Beweise, damit sie die magnetischen Ströme erfahren und prüfen können.

Setze dich ins Sonnenlicht. Halte deinen Blick unbewegt und schaue auf den fortwährenden Sprühregen feiner Bestandteile aus der Natur. Nach kurzer Übung wirst du kleine schwingende und strahlende Körper um dich erblicken; in dir und um dich auch verschiedene Arten von Lichtern.

Setze dich ins Sonnenlicht. Schließe die Augen. Was du mit geschlossenen Augen siehst, ist eine Art von magnetischem Fluidum.

Bewege deine Hände vor den geschlossenen Augen, und du wirst den Schatten deiner Hand bemerken. Du fühlst dies, weil dein Sehnerv empfindsam auf dieses magnetische Fluidum reagiert.

Hebe deinen Kopf mit geschlossenen Augen zur strahlenden Sonne hin, und du wirst das ganze Weltall von einem magnetischen Meer überflutet sehen. Bewege nun deine Hand zwischen den geschlossenen Augen und der

Sonne, dann erblickst du eine Veränderung in der Farbe zu violett und blau hin.

Blicke einige Sekunden zur Sonne oder irgendeinem strahlenden Körper hin und schließe dann plötzlich die Augenlider. Du wirst eine Veränderung im magnetischen Meer wahrnehmen, weil deine Netzhaut auf chemische Substanzen reagiert.

Setze dich in den Sonnenschein und blicke zum Himmel, ohne daß sich dieser Blick verändert. Nun beginnst du, die Widerspiegelung des Lichts von jedem Teil der Erde und des Himmels zu sehen. Du wirst eine ungeheuer erregende Empfindung und unermeßliche Freude spüren. Nach wenigen Minuten Praxis wirst du in dir selbst und um dich ein ewiges Licht fühlen, das jedes Element in der Natur belebt.

Setze dich in dein Zimmer oder an einen anderen Ort und mache folgende Versuche, wobei der erste mit offenen, der zweite mit geschlossenen Augen unternommen wird:

1. Öffne deine Augen und betrachte verschiedene Bewegungen von natürlichen Wellen und Atomen. Nach wenigen Monaten Praxis nimmst du wahr, daß dein Zimmer voller magnetischer Ströme und Lichter ist.

2. Schließe deine Augen und experimentiere mit der Wahrnehmung des Sehnerves. Du wirst eine tiefe Dunkelheit um dich erblicken. Nach einer Weile bemerkst du, daß sich die tiefe Dunkelheit in eine lichte verwandelt und diese in verschiedene Helligkeiten übergeht. Unglaubliches Licht wirst du um dich sehen.

Führe diese beiden Versuche bei jedem Lichtgrad aus. Das heißt bei Tageslicht, in der Nacht, bei Dunkelheit, Halbdunkel, bei Lampenlicht, Sonnenlicht, Mondlicht etc.

Diese Versuche sollen deinen Geist erwecken und außersinnliche Kanäle öffnen. Sei nicht erschreckt, wenn du die ungeheure Kraft der Natur erblickst. Sie ist deine Mutter und wird nicht zulassen, daß dir Schaden zugefügt wird.

Verliere nicht deine Nerven. Nervosität wird als Schwäche des individuellen Geistes angesehen. Bedenke, daß bei einem nervösen Menschen die Empfindlichkeit viel stärker ist als normal. Du mußt diese gesteigerte Empfindsamkeit dazu benutzen, Wissen und Willenskraft zu verstärken. Wenn dies gelungen ist, wirst du die wahre Natur deines Geistes und der Welt um dich verstehen.

Bedenke: Es ist wichtig, daß du beim Konzentrieren, Meditieren, beim fixierten Blick oder bei irgendeinem anderen Versuch Gedanken, Worte und Suggestionen parat hast. Formulierungen, Suggestionen und Methoden sind wichtige Bestandteile der Yoga-Konzentration. Durch solche und andere wesentliche Faktoren des *pratyahara* wirst du deine Gedanken deinem Unterbewußtsein sanft zuführen und nach wenigen Minuten der Praxis Selbstvertrauen bekommen. Du erreichst eine vollkommene Zusammenarbeit zwischen deinem Unterbewußten und der Natur.

Jetzt bist du am Ende der siebenten Unterrichtsstunde. Lies die Lektion noch einmal durch, so daß du die verschiedenen Zustände des Magnetismus und des *pratyahara* klar verstehst.

Jedes Kapitel will dir helfen, Wissen und Kraft in dir selbst aufzubauen, die dich in der Praxis des *samadhi* zur Vollkommenheit führen.

8 Pratyahara - Schulung
durch sieben Chakras

Pratyahara und Konzentration auf bestimmte Körperteile.
Zur Erleichterung der Schulung von *pratyahara* und Konzentration wird der Körper in sieben Zonen eingeteilt.
Klassifizierung und Einteilung sind anatomisch, physiologisch und biologisch. Jede Zone wird von einem Chakra (neurohormonalen Zentrum) beherrscht.

1. Das erste ist das neurohormonale Zentrum, das die männlichen und weiblichen Zeugungsorgane beherrscht, lenkt und reguliert. Im Yoga wird dieses Chakra *muladhara cakram* (*mula* – die erste, wichtigste, führende; *adhara* – Basis, Stütze, Grundlage). Durch diesen Pfad wird ununterbrochen psychische Energie aus dem Unterbewußtsein entladen.

   Konzentriere die Gedankenkräfte, ziehe die gesamte Energie aus den Zeugungsorganen fort und fixiere sie in dem niederen Teil der *susumna* (des zentralen Nervensystems). »Ich entspanne meine Zeugungsorgane. Sie entspannen sich, sie entspannen sich, sie stehen unter meinem Befehl.« Wiederhole dies und empfinde, daß du sie vollständig in der Gewalt hast. Dies wird dir Herrschaft über die Geschlechtsorgane geben. Ärger, Lust und Begierde werden durch *pratyahara* auf dieses Chakra in Zucht gehalten.

2. Das zweite ist das *svadhisthana cakram*. Beide Beine werden durch dieses Zentrum beherrscht, gelenkt und ernährt. Es ist das Zentrum des Hüftbereichs. »Ich entspanne meine Beine. Sie entspannen sich. Sie werden schwer, sehr schwer, etc.« Wiederhole diese Formel dreimal. Bei rechter Fixierung und Suggestion fühlst du, daß

diese Empfindung durch Suggestion eintritt. Die Beine werden vollständig deinem Befehl gehorchen. Sie werden kalt wie Eis. Die Temperatur fällt unter den Gefrierpunkt, wenn du es willst. Sie können aber ebenso gut wie Feuer brennen. Sie entspannen sich nach deinem Willen. So vermagst du alle Schmerzen, Leiden und Krankheiten aus deinen Beinen zu beseitigen. Du würdest nicht einmal Schmerz empfinden, wenn sie amputiert würden. Fühle das magnetische Pulsieren, den magnetischen Kreislauf und die magnetische Schwingung in beiden Beinen. Nach wenigen Monaten der Praxis bemerkst du, daß deine Beine in einem Augenblick auf deine Befehle reagieren. So besiegst du jede verborgene Krankheit der Beine. Sie stehen vollständig unter deiner Kontrolle.

3. Das dritte Chakra ist das *manipura cakram*. Es beherrscht alle Organe des Bauches. Sein Zentrum liegt in *susumna* (dem zentralen Nervensystem) oberhalb der Hüftgegend. Fixiere deine Gedanken auf alle Organe des Bauches und sende dorthin Suggestionen. Mit ihnen beherrsche zuerst die Krankheiten. Fühle magnetischen Strom, magnetischen Kreislauf und magnetische Schwingung im Bauch. Denke daran, daß dieser magnetische Strom alle verborgenen oder schleichenden Krankheiten entfernt, und du wirst sehen, daß alle Organe in deinem Bauch hypernormal und vollständig gesund sind, und daß dieser erfüllt ist von magnetischem Strom und Pulsieren. Ein siegreiches Gefühl der Freude erfaßt dich.

4. Das vierte Chakra ist *anahata cakram*, das in der Brust liegt und sein Zentrum im zentralen Nervensystem hat. Entspanne deine Brust. Nun fühlst du, wie die Elektrizität von deinem Herzen aus zu jedem Körperteil hinfließt. Dein gesamter Körper ist mit magnetischem Strom und Pulsieren erfüllt. Stelle deinen Atem auf schnelleren Erfolg ein. Niemand kann die Kraft dieses Chakras beschreiben. Fühle sie in der praktischen Ausführung.

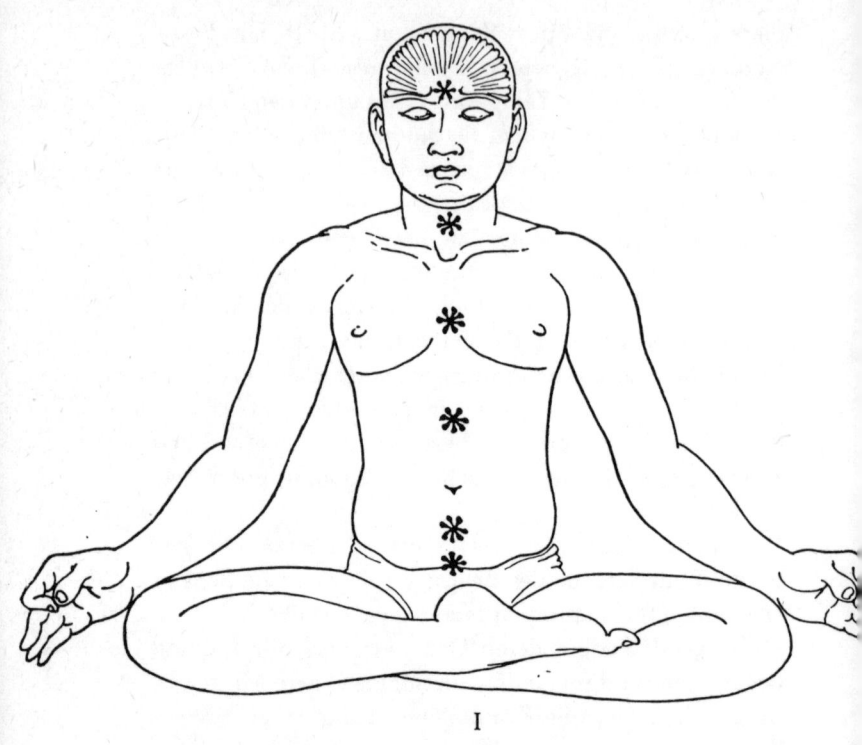

I

SIDDHASANA

Siddhasana ist die einfache Meditations-Stellung

5. Das fünfte Chakra ist *visudha cakram*, das im Hals liegt. Es kontrolliert beide Arme und die Körperteile, die unter und über dem Hals liegen.

Das Hals ist Kreuzpunkt und vitales Zentrum von *pratyahara*. Beginne mit der Fixierung und Suggestion und spüre die Empfindung, die durch diese Übung ausgelöst wird. Wenn der Hals entspannt ist, fühlst du magnetische Schwingung und Strom in ihm. Beide Arme sind wie betäubt. Hitze, Kälte, Schmerzen, Druck, Gefühl, Temperatur sind in ihnen nicht mehr zu spüren. Du kannst sie weder bewegen noch benutzen. Sie bleiben so lange

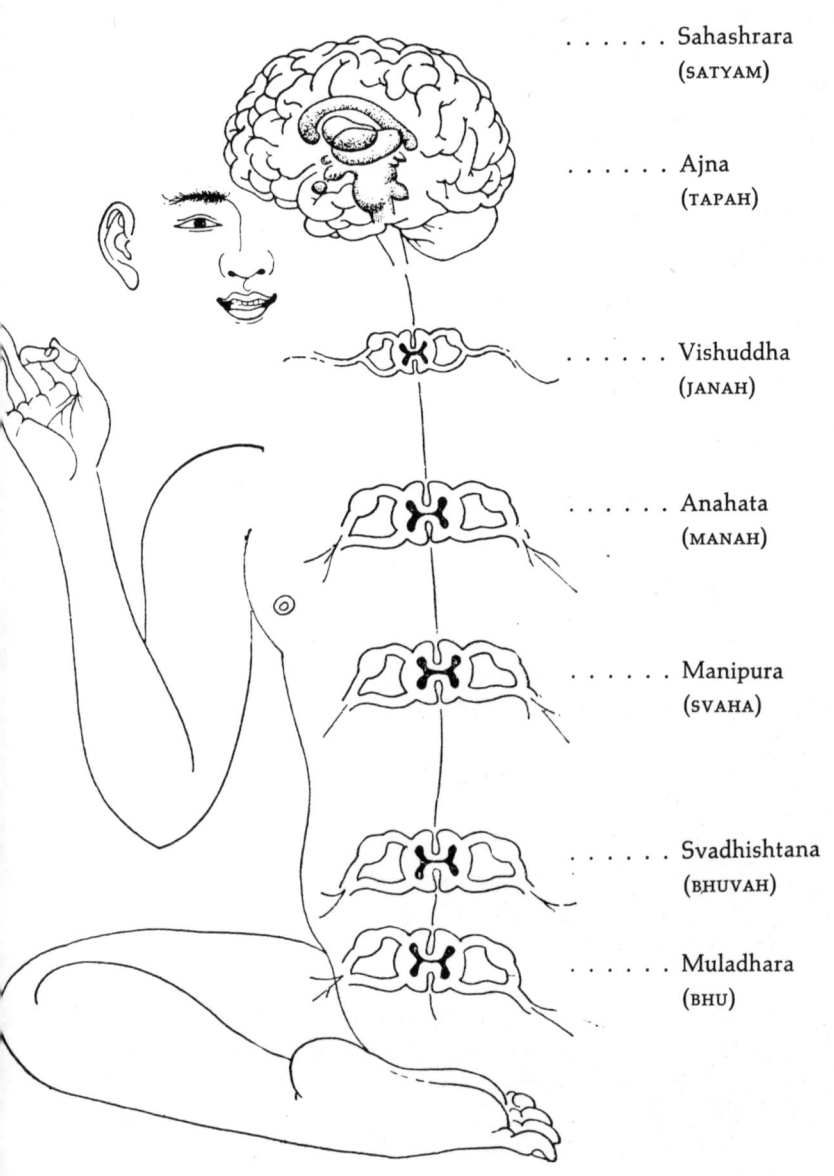

. . . . . Sahashrara
(SATYAM)

. . . . . Ajna
(TAPAH)

. . . . . Vishuddha
(JANAH)

. . . . . Anahata
(MANAH)

. . . . . Manipura
(SVAHA)

. . . . . Svadhishtana
(BHUVAH)

. . . . . Muladhara
(BHU)

II

SIEBEN CHAKRAS

gelähmt, bis du ihnen andere Suggestionen zuführst. Übe dies, freue dich an diesem Gefühl.

6. Das sechste Chakra ist *ajna cakram*, das Zentrum des individuellen Bewußtseins. Durch *pratyahara* breitet sich das individuelle Bewußtsein aus, und der ganze Körper entspannt sich vollständig. Er ist von machtvollen magnetischen Wellen und Schwingungen durchflutet. Du wirst keinerlei Schmerz empfinden, selbst nicht bei einer Herzoperation oder bei Entfernung von Knochen. Fixiere deine Aufmerksamkeit auf die Stelle zwischen beiden Augenbrauen, auf das Zentrum des dritten Auges der Wahrheit. Beginne mit der Suggestion zur Entspannung des ganzen Körpers. Für dieses Chakra bedarf es eines festen Haltes. Bringe deshalb deinen Körper in eine geeignete Stellung, so daß du im Tiefschlaf nicht hinfällst und dich verletzt. Das Chakra wird dir Beherrschung des ganzen Körpers verschaffen, und du wirst dich mit dem höchsten Bewußtsein vereinen. Niemand kann in menschlicher Sprache diese übernatürliche Freude beschreiben. Konzentriere dich darauf und freue dich über das Gefühl.

7. Das siebente Chakra heißt *sahasraram cakram*. Es beherrscht alle anderen Chakras. Hat der Schüler es erreicht, dann verliert er seine individuelle Existenz für immer. Er identifiziert sich mit dem höchsten Bewußtsein. In diesem Zustand erlangt er Nirvana mit seinem ewigen Frieden, seiner ewigen Weisheit und ewigem Segen. Fixiere die Kraft deiner Aufmerksamkeit auf das gesamte *siro-brahman* (das Großhirn). Beginne mit der Suggestion. Empfinde, daß der ganze Körper vollkommen unter deiner Herrschaft ist.

Allgemeine Suggestionen für das örtliche pratyahara.
Hier sind Fixierung, Suggestion und das Empfinden der Wahrnehmungen notwendig. Pulsieren des Magnetismus, Kreislauf und Schwingung sind allem *pratyahara* gemeinsam.

Allgemeines pratyahara und allgemeine Konzentration.
Wenn der ganze Körper augenblicklich in den Zustand
des *yoganidra*, in den magnetischen Zustand eintritt, wird
dies allgemeines *pratyahara* genannt. Es ist der fortgeschrittene Zustand des Schülers, der das örtliche *pratyahara* beherrscht hat. Mit anderen Worten: Örtliches *pratyahara* endet im allgemeinen *pratyahara* und in der allgemeinen Konzentration. Im fortgeschrittenen Zustand mußt
du nicht die Glieder gesondert magnetisieren. Auf einen
einzigen Befehl hin wird der ganze Körper magnetisiert.
So führt die Übung des allgemeinen *pratyahara* zum Zustand des *samadhi*.

Anmerkung: Wenn du durch die Praxis des örtlichen wie
allgemeinen *pratyahara* den Magnetismus verlierst, dann
gib dir auf gleiche Weise wieder magnetische Schwingungen. Diesmal wird es dir schneller gelingen.

Nun bist du am Ende der achten Unterrichtsstunde, die
sich mit der Praxis des örtlichen und allgemeinen *pratyahara* beschäftigt, ebenso mit der Konzentration.
    Lies diese Lektion, erfasse sie, denke darüber nach. Übe
sie und erlebe sie.

9 Yoganidra

Bevor wir mit der nächsten Unterrichtsstunde beginnen, ist es gut, genaue Erkenntnis über *yoganidra* zu erwerben. Eine kurze Einführung darüber wurde schon im vorhergehenden Kapitel gegeben. Nun wirst du es noch besser verstehen. Nur durch eingehende Kenntnis von *yoganidra* wirst du fähig, deine Schwierigkeiten und Unvollkommenheiten zu besiegen und ein *siddha*-Yogi zu werden. Das heißt, die Natur zu beherrschen. Jeder kann ein Yogi werden, aber es besteht ein großer Unterschied zwischen einem *siddha*-Yogi und einem anderen Yogi. Durch Beherrschung von *yoganidra* kann selbst ein gewöhnlicher Yogi zu einem *siddha*-Yogi werden.

Yoganidra bezeichnet einen magnetisierten Zustand. Durch *dharana, dhyana* und *samadhi* werden Körper, Sinne und materielle Gedanken magnetisiert. Der ganze Körper ist vollkommen empfindungslos. Selbst bei einer Herzoperation oder Knochenamputation fühlt der Schüler im Zustand von *yoganidra* keinerlei Schmerz. *Yoganidra* bezeichnet nicht nur den zu Yoga gehörenden Schlaf, es ist auch ein Fachausdruck, der unzählige Erscheinungen und Manifestationen des Yoga einschließt.

Zuerst fixiere die Kraft deiner Aufmerksamkeit auf örtliches oder allgemeines *yoganidra*. Dann beginne mit kraftvoller Suggestion. Nun halte an, um die Empfindung der schon gegebenen Suggestion zu spüren. Wenn du beständig Suggestionen gibst, und dir keine Zeit für eine Unterbrechung bleibt, um das Ergebnis zu verspüren, dann kannst du nicht den erwarteten Erfolg deiner Suggestion erlangen.

Ich kann dir mit Sicherheit bestätigen, daß du ein *siddha*-Yogi wirst, wenn du lernst, was ich dir jetzt beibringe. Höre nicht auf zu üben. Es ist nicht schwerer als das Schwimmen. Übe *dharana, dhyana* und *samadhi*, und es wird dir bald gelingen.

Wenn du mit der Übung von Yoga und *samadhi* beginnst, dann werden viele Menschen und zuerst wohl deine eigene Familie dir die Frage stellen: »Was ist Yoga? Was ist *samadhi*, was *yoganidra*?« und Ähnliches. Um diese Fragen vernünftig zu beantworten, mußt du die folgenden Definitionen verstehen: Yoga ist *kaivalyam*, das heißt Erlangung des höchsten Zustandes, des Einen ohne Zweiten. *Samprajnata samadhi* ist Vereinigung von individuellem und universalem Bewußtsein. Im Zustand von *yoganidra* untersteht das ganze magnetische Meer deinem Befehl.

Auf der individuellen Ebene sind Körper, Sinne und Gedanken magnetisiert und werden ganz von dir beherrscht.

Im Zustand des *yoganidra* ist der ganze Körper magnetisiert und füllt sich mit elektromagnetischer Pulsierung, Schwingung und Konzentration. Hierdurch wird er schmerzlos, die Atmung hält zeitweilig an, der Herzschlag wechselt zwischen schnell und langsam, je nach dem Ansporn oder der Depression des Herzzentrums im verlängerten Rückenmark *(susumna sisakam)*. Empfindungslosigkeit tritt in verschiedenen Graden auf, entsprechend dem Zustand von *yoganidra*. Sie wechselt vom oberflächlichem zum tiefen, vom örtlichen zum allgemeinen Zustand. Es gibt bezeichnende Veränderungen der Herzmuskel-Tätigkeit. Der Blutkreislauf wird stärker, in jedem kleinsten Körperteil pulsiert Blut, Elektrizität und Magnetismus. Im fortgeschrittenen Zustand beginnt der Schüler zu fühlen, wie die ganze Atmosphäre und das Universum mit seinem Pulsschlag und seiner Schwingung im Einklang sind.

Alle körperlichen und geistigen Krankheiten werden durch *yoganidra* beseitigt. Es ist die größte Betäubung, durch die du als eigener Chirurg auf deine materiellen Gedanken einwirken und sie von deinem Körper fortziehen kannst. *Yoganidra* macht dich zum Ingenieur, der eine Brücke zwischen dem Physischen und Metaphysischen baut, damit du das Meer des Materialismus überquerst.

Anfänger fallen beim Beginn der Meditation in Schlaf. Dies ist das erste Symptom von *yoganidra*. Im fortgeschrittenen Zustand löst sein Einfluß auf den Körper Gähnen aus.

Yoganidra wird physiologisch durch wiederholte Stellungen und Reflexbewegungen herbeigeführt; psychologisch durch *dharana*, *dhyana* und *samadhi*.

Es gibt noch einige andere Symptome von *yoganidra*, wie Lethargie, Katalepsie und Somnambulismus. Diese werden dich, den Stufen von *yoganidra* entsprechend, befallen.

1. Der erste Zustand von *yoganidra*: Der Körper wird steif. Partielle Empfindungen von Schmerz, Spannung, Gefühl und Temperatur vergehen. In dem ersten Zustand sind die Symptome sehr schwach. Es zeigen sich Entspannung, langsames Schließen der Augen, Zucken der Augenlider, Erstarrung der Glieder, Müdigkeit in den Augen, Empfindungslosigkeit der unteren Beine und der Füße, der unteren Arm- und Handpartien, Unfähigkeit, Arme und Beine zu heben oder zu bewegen. Im ersten Zustand von *yoganidra* gehen partielle Empfindungen verloren, das Individuum ist sich aber vollkommen bewußt von allem, was getan und gesagt wird. Dies ist der Zustand des Halb-Bewußtseins, der erste Grad des Magnetismus.

2. Der zweite Zustand: Alle physischen Empfindungen des Körpers gehen verloren, und der Körper wird magnetisiert. Im zweiten Zustand von *yoganidra* kommen Körper, Sinne und Gedanken zum Teil unter Kontrolle. Die

Hälfte des Körpers wird empfindungslos, die Glieder aber sind vollständig betäubt. Der Magnetismus des Körpers ist zweiten Grades. Man hat eine Vielfalt von Visionen.

3. Der dritte Zustand: Der Körper ist vollständig magnetisiert und ist erfüllt von Schwingungen, Blutkreislauf und elektrischen Entladungen. Die ganze Atmosphäre und das gesamte Universum pulsieren in dieser Schwingung. Dies ist der Zustand des *samprajnata samadhi*. Im dritten Grad der Empfindungslosigkeit ist der Körper im gleichen Maß magnetisiert. Das ist der letzte Zustand des individuellen Magnetismus. Zeitweilig wird der Magnetismus der ganzen Atmosphäre erlangt, ebenso anhaltende und regelmäßige Visionen des Höchsten. In diesem Zustand vereinigt sich das individuelle mit dem höchsten Bewußtsein, die materielle Form des individuellen Seins mit dem Stoff des Universums, der bewußte Teil der menschlichen Existenz mit dem universalen Bewußtsein. Das ist der Zustand der Gottgleichheit. Nach der Gita schläft der Mensch für die Welt, während die Welt für ihn im Schlaf liegt. Die materielle Struktur des Körpers ist vollständig magnetisiert und der Geist erweckt und erleuchtet. Dieser Zustand wird *samprajnata samadhi* genannt.

4. Der vierte Zustand: Es ist der Zustand der vollkommenen Freiheit von jeder abstrakten Bindung. Der Schüler fühlt sich identisch mit dem höchsten Bewußtsein. Die Natur ist vollständig magnetisiert und wird zu seinem Körper. In diesem vierten Zustand des *yoganidra* ist der Mensch befreit von allen Bindungen des Körpers. Er erlangt vollkommene Freiheit, und der Zustand der Vereinigung wird in den der Identität ausgedehnt. Er identifiziert das ganze Universum mit sich selbst und sich mit dem ganzen Universum. Das ist der Zustand, der *kaivalyam* genannt wird, das heißt der höchste Zustand von Nirvana, das Eine ohne Zweites. Die uni-

versale Natur ist sein Körper, das universale Bewußtsein sein Selbst. Er wird zum Selbst aller Selbstheiten. Niemand kann diesen Zustand mit Wort oder Schrift beschreiben. Man kann ihn nur andeuten. Gehe in diesen Zustand ein, fühle ihn. An diesem Punkt besiegt der Yogi die ganze Natur.

Allgemeine Anhaltspunkte für *yoganidra*:

1. Allmähliches Schließen der Augen oder Bewegungslosigkeit der Augen.
2. Halbgeschlossene Augen oder Zucken der Augenlider.
3. Vollständige Entspannung der Starre und Steifheit der Glieder und anderer Organe.
4. Zeitweilige Lähmung der Glieder und des Körpers.
5. Gerötetes Gesicht.
6. Zeitweiliges Aufeinanderschlagen der Zähne.
7. Röte und Hitze- oder Kältegefühl in verschiedenen Körperteilen.
8. Tränen in einem oder in beiden Augen.
9. Aufblitzen im und um den Körper bei geschlossenen Augen.
10. Elektrizität und elektrische Ströme durchfließen den Körper.
11. Zucken des Körpers.
12. Verschiedene ungewöhnliche Erscheinungen ähnlich wie Trugbilder, Illusionen und Halluzinationen.
13. Örtliche und allgemeine Empfindungslosigkeit.
14. Unempfindlichkeit, Verlust der Schmerzempfindung, Gleichgültigkeit gegenüber schmerzhaften Reizen.
15. Verlust des Körper-Bewußtseins. Zuerst Verlust des örtlichen, der dem Schüler zeitweilig das Gefühl gibt, er habe keinen Kopf, keine Arme, keine Beine etc., oder er könne sich im Körper nicht mehr zurechtfinden, als wären Arme und Beine an einer anderen Stelle etc.
16. Subjektive oder objektive Empfindung der Bewegung. Der Schüler hat das Gefühl, sein Kopf oder die umgebende Atmosphäre bewegten sich.

17. Gähnen.
18. Ausdehnen der Glieder.
19. Schläfrigkeit oder Schlaflosigkeit.
20. Verstärkte Intuitionskraft.

Anmerkung: Dies sind einige wenige Anhaltspunkte für *yoganidra*. Sie wurden erwähnt, um den Schüler zur Praxis anzuleiten. Sie müssen nicht alle oder in der gleichen Reihenfolge wahrgenommen werden. Es gibt zahllose Zeichen und Beispiele für *yoganidra*. Wenn du deine Intuition durch Konzentration erweckt hast, dann wirst du sie erkennen. Bücher können dich nicht genügend anleiten. Das ganze Universum ist eine Menge von konzentrierter Energie, daher im Zustand von *yoganidra*.

Du bist nun am Ende der neunten Unterrichtsstunde. Lies die Unterweisung. Schließe deine Augen. Erinnere dich an das Gelesene und denke darüber nach. Du wirst nach der Übung imstande sein, *yoganidra* in dir selbst und in anderen zu erzeugen.

10 Methoden zur
Erzeugung des Zustands
von Yoganidra

Es gibt zwei Methoden von *samyamah* (Fixierung, Suggestion und Empfindung), die Yogis zum Erzeugen von *yoganidra* anwenden:

1. Die positive, aktive Methode
2. Die negative, passive Methode

Die positive Methode

Bei der positiven Methode verwenden wir die unendliche
Kraft des OM-Klanges, der den ganzen Körper und das
Universum magnetisiert. Mittel hierfür sind die sieben
Chakras. Denke zuerst an die positive Natur des höchsten
Bewußtseins und der höchsten Natur. Unzählige Sonnen
und Solarsysteme werden durch dieses uranfängliche Prinzip manifestiert. In uns offenbart es sich durch *anahata
sabda* oder *sabda brahman*. Gliedere deine Gedanken in
drei Teile: Der erste muß sich mit *anahata nada* (Quelle
des Schweigens) beschäftigen; der zweite Körper und Sinne örtlich wie allgemein magnetisieren und der dritte das
Ergebnis des ganzen Vorgangs überprüfen.

Mit Hilfe von *pratyahara* und *samyanah* entspanne alle
deine Organe: Beginne bei den Beinen und gehe über zum
Bauch, zu Brust, Hals und Armen; zum dritten Auge (dem
Punkt zwischen den Augenbrauen) und zu *sahasraram*,
dem Großhirn. Empfinde die Blutzirkulation, den Puls-
schlag, die elektromagnetische Schwingung örtlich in jedem
Organ und allgemein im gesamten Körper. Nach einigen
Monaten Praxis wirst du in der positiven Methode voll aus-

gebildet sein, um *yoganidra* hervorzubringen. Wenn du dies vermagst, wirst du alle geistigen und körperlichen Krankheiten beherrschen und eins sein mit der höchsten Natur und dem höchsten Bewußtsein.

Die negative Methode

Bei der negativen Methode mußt du deinen Körper und das mächtige Universum um dich vergessen. Du mußt dich nur an die Tugenden des Selbst erinnern, das heißt an das höchste Bewußtsein. Ein Meer von Bewußtsein wird um dich und in dir zu fließen beginnen, und du wirst sehen, daß dein Körper und das gesamte Universum in diesem unendlichen Meer versinken. In diesem Zustand wirst du nur ein ewiges Prinzip wahrnehmen, ohne Namen und Form. Es hat unendliche Kraft und elektromagnetische Anziehung auf den Körper, das Universum, auf alle Natur und besitzt ewiges Bewußtsein, Existenz, Wissen, Frieden und Freude.

Dies ist der höchste Zustand von *samadhi* und *yoganidra*. Die ganze Natur und das gesamte Universum werden in den höchsten Zustand geführt, der das Eine ohne Zweites und das Subjekt des höchsten *samadhi* und *yoganidra* ist, die niemand zu beschreiben vermag.

Es gibt somit zwei Arten, um *yoganidra* herbeizuführen. Wenn du die erste beherrscht hast, wirst du die zweite verstehen. Die erste wendet Zwang und Befehl an und ist geeignet, in Kürze *yoganidra* und *samadhi* zu erzeugen. Sie beherrscht die ruhelosen Gedankenwellen. Sinne und Körper werden bewegungslos, ohne Empfindung und vom Bewußtsein magnetisiert. Schwingungen und elektromagnetischer Strom erfüllen den Körper. Alle Sinne arbeiten lebhaft zusammen.

Die zweite Methode ist die der Identität des individuellen Körpers und Bewußtseins mit dem Stoff des Universums und seinem Bewußtsein. Dies ist der Zustand vollkommener Freiheit. Du kannst diese Methode ausführen, wenn du die erste beherrschst, die alle geistigen und körperlichen Krankheiten unter Kontrolle hält, wodurch das ganze Karma aufgehoben ist. Wenn der Körper krank, die Sinne verwirrt und die Gedanken ruhelos sind, kann niemand die zweite Methode ausführen. Wie wäre es möglich, den Körper zu vergessen, wenn er schon mit gedanklichen und körperlichen Sorgen belastet ist? Besiege erst diese mit Hilfe der ersten Methode. Wenn dann dein Geist fröhlich, deine Sinne ruhig und der Körper kräftig ist, dann beginne die zweite Methode und erleuchte deinen Geist.

Du mußt dich bei allen Methoden zumindest an zwei beständige Faktoren erinnern:

1. Wende, der Situation entsprechend, eine starke Fixierung an, und erhalte eine Zeitlang die Kraft der Aufmerksamkeit.
2. Wende ein starkes Maß von *samyamah* (Fixierung, Suggestion und Empfindung) eine Zeitlang mit Hilfe von *pratyahara* an, um den Zustand von *yoganidra* herbeizuführen.

Es ist nicht möglich, alle Gedankenwellen und alle Probleme durch die gleiche Technik zu behandeln. Deshalb mußt du verschiedene Techniken kennen und verschiedene Lösungen deiner Probleme. Jedes Problem und jede Gedankenwelle muß als eine individuelle Wirklichkeit betrachtet werden, deren Natur von einer anderen verschieden ist. Nach langer Praxis wirst du erfahren, welche Methode und welche Lösung für dich am geeignetsten und vorteilhaftesten ist. Sind die Gedankenwellen sanft und edel, sind sie leicht zu überzeugen.

Jetzt bist du am Ende der zehnten Unterrichtsstunde angekommen. Lege das Buch für eine Weile aus der Hand. Schließe die Augen und meditiere darüber. So lernst du deine Gedanken und Gedankenwellen zu beherrschen, die jenseits deiner Kontrolle waren.

Anmerkung: Die positive Art der Meditation kennt fünf Ebenen des Bewußtseins, während die negative den Schüler zur höchsten Wirklichkeit führt, die jenseits der fünf Ebenen das Eine ohne Zweites ist.
1. Physische Ebene (*annamaya sariram*)
2. Elektromagnetische Ebene (*pranamaya sariram*)
3. Psychische Ebene (*manomaya sariram*)
4. Ebene der Offenbarung (*vijnanamaya sariram*)
5. Ebene des ewigen Seins, des ewigen Bewußtseins und der ewigen Seligkeit (*satchidananadamaya sariram*)

Es gibt noch einen Bewußtseins-Zustand jenseits dieser fünf. Er wird nur durch die negative Methode der Meditation erlangt, indem nacheinander die vorangehenden Zustände in die folgenden aufgenommen werden; zuletzt der fünfte in den sechsten, die Ebene von *brahman*.

Technik:
1. Entspannung von Körper und Gedanken.
   a. Entfernung aller Spannung und Anstrengung aus dem Körper.
   b. Verzicht auf alle nicht gemäßen materiellen Absichten der Gedanken.
2. Konzentration des Selbstbewußtseins auf *nadam*.
   a. Physische Ebene. Konzentriere dich auf *nadam*, entspanne den gesamten Körper. Entspanne Haut, Muskeln, Organe, Hände und Füße. Verzichte auf alle materiellen Wünsche und konzentriere dein Selbstbewußtsein auf *susumna* (das zentrale Nervensystem). Beginne mit *samyamah*. Der ganze Körper ist entspannt und bewegungslos. *Nadam* verstärkt sich immer mehr. Nach einiger Praxis von wenigen Monaten wirst du dich mit Leichtigkeit vollständig entspannen und fühlen, wie das gesamte Universum im Meer von *nadam* vibriert.

b. Elektromagnetische Ebene. Übersteige den ersten Zustand und empfinde, daß der ganze Körper mit *prana-spandanam* erfüllt ist (mit elektromagnetischem Pulsieren). Zuerst fühle das rhythmische Pulsieren des elektromagnetischen Stroms in deinem Körper. Dann fühle, daß die ganze Atmosphäre mit dieser Schwingung angefüllt ist. Zuletzt empfinde sie im gesamten Universum. Nach wenigen Minuten Praxis vermagst du dein körperliches Bewußtsein zu vergessen. Der Körper zeigt dir in wunderbarer unvergänglicher Weise die elektromagnetischen Ströme an. Auf dieser Ebene öffnet sich dir eine ungeheure, überwältigende Naturkraft. Sie ist in dir und umgibt dich zugleich.

c. Psychische Ebene. Nachdem du das elektromagnetische Feld der Natur geschaffen hast, wirst du das bewegungslose Meer der unvergänglichen Elektrizität erreichen. Dies ist keine materielle Elektrizität, sondern eine sehr feinstoffliche. Yogis nennen sie psychische Elektrizität. Durch Erfahrung wirst du die durchdringende Kraft des ewigen Geistes kennenlernen.

d. Ebene der Enthüllung. Nachdem du diesen Zustand erreicht hast, wird dir unmittelbar die Bedeutung des manifestierten Universums enthüllt. Du erfährst in deinem Geist die Offenbarung der Wahrheit und der heiligen Schriften der Welt und die wirkliche Bedeutung und Beziehung des gesamten Universums, ebenso wie die zwischen der organischen und unorganischen Welt, auch die Entwicklung, die Bewahrung und Verflechtung von beiden.

e. Die Ebene der ewigen Existenz, des ewigen Wissens und der ewigen Seligkeit. Dies ist die Ebene des höchsten Bewußtseins, der höchste Zustand, der alles Wissen umfaßt. Hier ist der innere Führer lebendig, die Quelle von allem, Beginn und Ende aller organischen und unorganischen Welten.

Bis zum fünften Zustand hin erkennen wir *brahman*

durch Ausdrücke und Symbole, die unserem Bewußtsein von der höchsten Natur dargelegt werden. Das Erlangen von *brahman* aber durch das Licht *brahmans* wird Nirvana genannt und liegt jenseits der fünf Ebenen. In der Vedanta heißt dieser Zustand *brahman*; im Buddhismus Nirvana; in der Yoga-Philosophie *nadam* und *pranavam*.

Wenn alle diese Zustände beherrscht sind, erkennt der Schüler *brahman* durch das Licht von *brahman*, so wie wir die Sonne nur durch das Licht der Sonne erkennen. Wenn wir nacheinander einen Zustand vollendet haben, wird die Erkenntnis der Identität mit den vorangegangenen automatisch zurückgelassen. Diese Abgabe und Zurückweisung (*adyaropa* und *aphavada*) setzt sich fort bis zu dem letzten Zustand von *brahman*. Ist dieser erfahren, werden alle früheren ausgeschaltet, und der Schüler gründet fest im Zustand des reinen *brahman*, der alle anderen und jede Darstellung übertrifft. Manchmal wird er negativ beschrieben. Es ist nicht der Zustand, der das innere Objekt erkennt, auch nicht der, in welchem das äußere Objekt erkannt wird, ebenso nicht der Zustand, der beide erkennt. Es ist nicht eine große Anzahl von Erkenntnissen, nicht Wissen noch Unwissenheit. Das körperliche Auge vermag ihn nicht zu erblicken, es ist auch nicht möglich, darüber zu sprechen. Nicht faßbar, überschreitet er alle unterscheidenden Merkmale der fünf Ebenen des natürlichen Bewußtseins. Man kann ihn nicht erdenken noch benennen. Es ist die wesentlichste aller fünf Ebenen, die Grundlage aller Entwicklung, Bewahrung und Auflösung des Universums. Dieser Zustand ist jenseits der Unterschiede zwischen Subjekt und Objekt, dennoch ist er nicht unter, sondern über diesen Unterscheidungen. Weder theistisch noch antitheistisch, ist er übertheistisch. Er ist *brahman* und Nirvana, das Eine ohne Zweites. Man wird ihn in der endgültigen Befreiung kennen und identifizieren.

Vom empirischen Gesichtspunkt aus gibt es drei Teilungen des Bewußtseins:

1. den Wachzustand
2. den Traumzustand
3. den Zustand des Tiefschlafs und alle anderen unbewußten Zustände wie Koma, Ohnmacht, Delirium etc.

Es gibt noch einen anderen Bewußtseins-Zustand jenseits dieser drei. Der Zahl nach ist es der vierte und wird deshalb *turiya* genannt. Dies ist ein bildhafter Audruck. Tatsächlich ist er nicht ein vierter Zustand, sondern er durchdringt alle drei empirischen Zustände und übersteigt sie. *Turiya* wird im Vorangegangenen als Zustand jenseits des fünften beschrieben.

11 Zusammengesetzte Kraft
von Tratakam

Nachdem du schon mit *tratakam* (dem fixierten Blick) und seiner Bedeutung vertraut bist, lernst du in diesem Kapitel die Übung von *tratakam* mit anderen zusammen kennen. Gemeinsame Praxis bringt gemeinsame Kraft hervor. So wirst du ungeahnte Naturkräfte erlangen. Im folgenden sind einige wichtige gemeinsame Übungen aufgezeigt, die dir von Vorteil sein können. Du kannst noch weitere hinzufügen, wenn du mit diesen umgehen kannst.

1. *Tratakam* mit dem Blick auf die Nasenspitze.
2. *Tratakam* mit dem Blick auf den Nasenrücken.
3. *Tratakam* mit dem Blick auf die Nasenwurzel. Hier befindet sich das dritte Auge, der Punkt zwischen den Augenbrauen.
4. *Tratakam* mit *muladhara cakram*, um die niederen Triebe zu beherrschen. Kontrolle über die Sexualität.
5. *Tratakam* mit *svadhisthana cakram*, um die Beine zu beherrschen und zu magnetisieren.
6. *Tratakam* mit *manipura cakram*, um alle Krankheiten aus dem Bereich von Bauch und Stoffwechsel zu beseitigen und diese mit starken gesunden Schwingungen zu füllen.
7. *Tratakam* mit *anahata cakram*, um Pulsieren und elektromagnetische Zirkulation im ganzen Körper durch Herz und Brust zu empfinden.
8. *Tratakam* mit *visudha cakram*, um Hals und Brust zu magnetisieren.
9. *Tratakam* mit *ajna cakram* (dem dritten Auge) zur Empfindung der Einheit des individuellen mit dem höchsten Bewußtsein.

10. *Tratakam* mit *sahasraram* (Großhirn), um Identität mit dem höchsten Bewußtsein zu empfinden.

11. *Tratakam* mit der Atmosphäre des Zimmers, um verschiedene natürliche Lichter und Gedankenwellen wahrzunehmen.

12. *Tratakam* mit dem Himmel im Sonnenschein, um die ungeheure Sonnenkraft, die Ausstrahlung und Widerspiegelung von Licht und Leben auf Erden zu erblicken.

13. *Tratakam* mit Vollmond, um den Geist weiter zu erwecken.

14. *Tratakam* mit Büchern, um diese mit elektromagnetischer Kraft ohne Körperbewegung zu lesen.

15. *Tratakam* mit *anahata nadam*, OM oder *brahman*, um die ewige Musik aus dem Universum zu vernehmen.

16. *Tratakam* mit verschlungenen Fingern.

17. *Tratakam* mit gekreuzten Fußknöcheln.

18. *Tratakam* mit ausgebreiteten Armen.

19. *Tratakam* beim Stehen mit hängenden Armen.

20. *Tratakam* in jeder Stellung, die der Schüler für geeignet hält.

Allgemeine Einführung in alle zusammengesetzten »tratakam«. Bei jedem *tratakam* wird die Kraft der Aufmerksamkeit eingeteilt in

1. den Handelnden und Bewirkenden.

2. den Zeugen.

Zuerst öffne deine Augen und schaue unbeweglich auf die ausgesuchten Körperteile. Beginne mit *pratyahara*, Fixierung, Suggestion und der Aufnahme von Empfindungen. Die andere Hälfte der Aufmerksamkeit muß ausschließlich als Zeuge dienen, um das Ergebnis deiner Versuche zu beobachten und – wenn nötig – zur gegebenen Zeit der ersten Hälfte Beistand zu leisten. Du kannst diese Einteilung auch für andere Meditationen anwenden.

Jedes *tratakam* hat seine eigene Bedeutung. Du solltest alle nacheinander ausführen. Nach wenigen Monaten Praxis wirst du über die Kraft verfügen, *tratakam* auf deinen ganzen Körper auszudehnen. Du wirst jedes Organ beherrschen, und es wird auf deine Befehle gehorchen. Wenn du ein Organ in den Zustand des Tiefschlafs versetzen willst, wird es schlafen. Wenn du dieses Organ eine Zeitlang lähmen willst, wird dies geschehen. Willst du es magnetisieren und mit elektromagnetischer Kraft erfüllen, geschieht es. Kurz gesagt: Was immer du deinem Körper befiehlst, wird sofort ausgeführt.

Dies ist das Ende der elften Unterrichtsstunde. Schließe deine Augen und schließe das Buch. Mache dir in Gedanken eine vollkommene Vorstellung von allen *tratakam* und denke über ihre Bedeutung nach. Sie vermitteln Herrschaft über Körper, Sinne und Gedanken. Wenn du diese zwanzig Übungen mit *tratakam* vergessen hast, lies sie wieder, bis sie dir im Gedächtnis bleiben.

Meditiere über die Übungen und suche nach Beendigung der Meditation eine heraus, die du besonders erlernen willst. Du darfst nicht alle zu gleicher Zeit ausführen. Erst nach mehr Erfahrung darfst du dies tun. Erarbeite dir Kenntnisse in Anatomie und Physiologie, um schneller Erfolg zu erlangen. Sprich zu niemandem, der nicht *tratakam* übt, von deinen Erfolgen oder deiner Erfahrung, damit du keine falschen Anleitungen erhältst. Hast du irgendwelche Fragen, dann gehe zu deinem Lehrer oder einem auf diesem Gebiet Erfahrenen. Dein Erfolg wird sich nach deiner Praxis richten, ob du sie ernsthaft und zuverlässig ausführst.

12 Techniken
Zur Magnetisierung des Körpers

Als Yoga-Schüler bist du verpflichtet, dir verschiedene Techniken mit verschiedenartigen Gedankenwellen anzueignen. Es ist wichtig, daß du sie alle kennst. Jede bekannte und erprobte Methode zur Magnetisierung des Körpers für *samadhi* wird in diesem Kurs gelehrt. Zahllose Yoga-Schüler führen heute diese Methoden erfolgreich aus. Auch du wirst ihnen leicht folgen. Um ein richtiger Yogi zu werden, solltest du jede Gelegenheit benutzen, die Yoga-Wissenschaft zu erproben und auszuführen. Die Methoden sind einzeln zu erlernen. Erst nach Beendigung der einen sollte die nächste begonnen werden.

Du bist jetzt bereit, deine erste Stunde über die Magnetisierung deines Körpers, deiner Sinne und Gedanken zu beginnen. Diese Methode ist unter zwei Namen bekannt:

1. als örtlicher Magnetismus
2. als allgemeiner Magnetismus

Wenn ein besonderer Körperteil magnetisiert ist, spricht man von örtlichem Magnetismus. Ist der gesamte Körper durch universalen Magnetismus magnetisiert, wird dies als allgemeiner Magnetismus bezeichnet. Ziel beider ist es, den universalen Magnetismus zu erlangen. Hierfür ist folgendes notwendig:

1. Erarbeitung von gewissen Kenntnissen über Anatomie, Physiologie und Psychologie
2. Genaues Studium des Blutkreislaufs, des zentralen und peripheren Nervensystems
3. Verständnis der Struktur des Herzens, seiner systolischen und diastolischen Bewegungen und der Blutgefäße

4. Vollkommene Entspannung eines jeden einzelnen Körperteils oder des gesamten Körpers

   a. Wenn irgendein besonderer Teil oder der gesamte Körper entspannt sind, wirst du das Schlagen des Herzens spüren.

   b. Die Bewegung des Herzens wird mit deiner psychischen Kraft zunehmen.

   c. Du empfindest deinen ganzen Körper voll elektrischer Entladungen.

   d. Nach wenigen Monaten der Praxis wirst du elektromagnetische Anziehung in deinem Körper verspüren.

   e. Du fühlst die elektromagnetische Anziehung in deinem gesamten Körper.

   f. Zuletzt wirst du deine Körperempfindung vollkommen verlieren und spüren, daß ein Meer von Magnetismus und Bewußtsein um dich und in dir strömt. Dies ist der Zustand des universalen Magnetismus.

Der Vorgang ist folgender:

Versetze deinen Körper in eine bequeme Stellung.

Entspanne deinen Körper vollkommen.

Wiederhole mit aller Entschlossenheit *samyamah* (Fixierung, Suggestion und Empfindung).

Durch *pratyahara* (Zurücknahme der Energie) verfüge nach deinem Belieben über Bewußtsein und Energie.

Wenn der Körper entspannt ist, fühle überall in ihm Schwingungen und elektromagnetische Anziehung.

Empfinde die Identität mit dem höchsten Bewußtsein und mit *nadam*.

Vergiß zur Zeit der Übung vollständig die Beziehung und Verbindung des Körpers.

Dein Bewußtsein sollte verschiedene Empfindungen

von Nervenströmen registrieren, die bei der Übung auftreten.

Erinnere dich an die Natur des Selbst, das über ewiges Bewußtsein, Existenz, Wissen, Frieden und Seligkeit verfügt.

Wenn niedere Begierden sich deiner Gedanken bemächtigen, dann halte sie sofort zurück.

Dies ist das Ende der zwölften Unterrichtsstunde. Lies sie, verstehe sie. Setze sie in die Praxis um. Übe, übe.

Anmerkung: Wenn dein Körper trotz all dieser Anstrengungen und Vorbereitungen nicht reagiert, wiederhole die oben angegebenen Übungen. Das nächste Mal wirst du weniger Zeit brauchen, um deinen Körper zu magnetisieren. Sei ruhig bei deinen Ausführungen. Zeige keine Nervosität. Konzentriere die Kraft deiner Gedanken und deine physischen Kräfte auf deine Tätigkeit. Sei willensstark, und du kannst nicht fehlgehen. Wenn der Körper magnetisiert ist, schicke die starke Suggestion aus: »Mein Körper ist vollständig magnetisiert. Ich kann keinen Körperteil nach irgendeiner Richtung hin erheben oder bewegen, weil er vollkommen beherrscht und magnetisiert ist von meinem ewigen Geist.«

Wenn die materiellen Gedanken irgendeinen Körperteil in einer beliebigen Richtung gegen deinen Wunsch bewegen, dann halte sie wieder zurück mit Hilfe deines ewigen Geistes. Bedenke, daß der ewige Geist stärker ist als deine Gedanken. Du wirst fühlen, daß dein Körper wirklich magnetisiert ist und deine materiellen Gedanken ihn nun nicht mehr willkürlich bewegen können.

Wenn die Zeit deiner Übung vorüber ist, dann schicke deine geistige Kraft wieder durch die Nerven und Gefäße deines gesamten Körpers zurück, und du wirst bemerken, daß dein Körper voller Kraft ist. Seine Schwäche ist behoben und dein Geist erleuchtet.

13 Gruppen-Entspannung und Gruppen-Magnetismus

Gruppen-Entspannung und Gruppen-Magnetismus hängen von zwei Hauptbedingungen ab:
1. von der Befähigung des Lehrers
2. von Zusammenarbeit und Befähigung des Schülers oder der Gruppe

Das Verhältnis von Entspannung und Magnetismus ist von diesen beiden Tatsachen abhängig. Wenn sie hundertprozentig gegeben sind, wird auch das Ergebnis hundertprozentig sein. Grad und Verhältnis von beiden führen zum Einklang. Entspannung und Magnetismus stimmen mit der Leistung überein. Der Vorgang vollzieht sich in folgender Weise:

Ihr habt euch versammelt, um Yoga, Meditation, Konzentration und Entspannung zu lernen. Viele aber kommen nicht um zu lernen, sondern als Gäste zur Beobachtung, weil sie innerlich Angst haben. Doch auch sie lieben die Meditation und wollen etwas über Yoga wissen.

Frage zuerst in der Versammlung, wie viele Gäste und wie viele Lernende zugegen sind. Gib allen eine Gelegenheit, ihrer Aufgeschlossenheit entsprechend. Besucher von heute können morgen Lernende sein. Aber zwinge niemanden, Schüler zu werden. Jeder muß sich allein entscheiden. Frage die Besucher nicht nach dem Ergebnis, das deine Vorführungen hervorriefen, wenn sie nicht bereit sind, deinen Anweisungen zu folgen. Frage jene, die mitarbeiten und deine Belehrungen aufnehmen wollen.

Beginne bei deinen Schülern auf folgende Weise: »Du bist jetzt zur Konzentration bereit. Versuche *pratyahara* (Zurückziehen der Energie und des Bewußtseins aus verschiedenen Körperteilen) nach den Unterweisungen auszuführen. Halte deinen Körper in einer bequemen Stellung (kannst du *padmasana*, die Lotusstellung nicht ausführen, dann setze dich auf einen Stuhl). Lege die Füße flach auf den Boden und die Hände auf deine Knie. Schließe deine Augen. Höre mit großer Sorgfalt und Aufmerksamkeit zu. Führe deine Gedanken aus der Dunkelheit zum Licht. Führe sie vom niederen Sein zum höheren, von Tod, Krankheit und Leiden zur Unsterblichkeit. Führe deine Gedanken vom unwirklichen zum wirklichen Leben.

Entspanne den ganzen Körper. Wiederhole in Gedanken *samyamah* (Fixierung, Suggestion und Empfindung): »Ich entspanne meinen gesamten Körper. Der ganze Körper ist entspannt. Fühle den Herzschlag in jedem Körperteil. Fühle mit sorgfältiger Aufmerksamkeit den Schlag des Herzens in der Brust. Mit jedem Schlag sendet das Herz Leben, Energie und Nahrung in jeden Teil des Körpers. Mit jedem Pulsschlag wird der gesamte Körper magnetisiert. Jeder Teil entspannt sich und der Geist erwacht. Atme aus.«

Wiederhole diese Formel in Gedanken, und du wirst fühlen, daß dein Körper entspannt und magnetisiert ist. »Er ist mit elektromagnetischen Schwingungen erfüllt. Der Klang des OM nimmt zu (*anahata nadam*). Um dich und in dir flutet ein weites Meer des Bewußtseins. Ein großes Meer von Magnetismus hat deinen gesamten Körper in den universalen Magnetismus hineingezogen. Jetzt verstärkt sich die magnetische Kraft, und du verlierst vollständig dein Körper-Bewußtsein. Du bist identisch mit der höchsten Natur und dem höchsten Bewußtsein. Das höchste Bewußtsein, das unzählige Sterne, Sonnen, Monde und Planeten manifestiert hat, ist auch in dir und um dich offenbar geworden. Höchstes Bewußtsein ist deine Natur. Durch Unwissenheit hattest du dir selbst die Begrenzung des Körpers und seine Bindung aufgebürdet. Nun sind diese Beschränkungen überwunden, und du bist

BLUTKREISLAUF

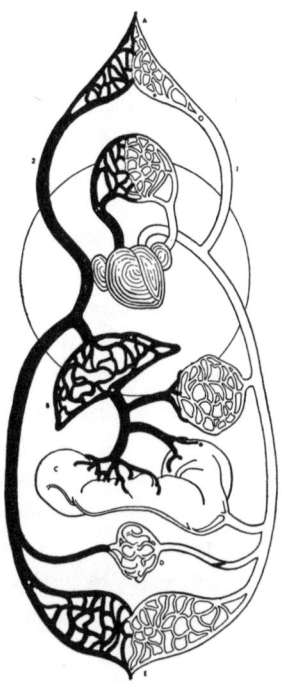

Diese Zeichnung zeigt den Kleinen
Kreislauf durch die Lungen und den
Großen Kreislauf des Blutes durch
den Körper. Bei höherer Meditation
stellt dies die elektromagnetischen
Schwingungen im individuellen
Körper und in der ihn umgebenden
Atmosphäre dar. Folgerichtig führt
dies den Meditierenden aus dem individuellen elektromagnetischen
Feld zu dem universalen elektromagnetischen Feld hin. Überall
empfindet der Meditierende magnetische Schwingungen, er verliert
sein Körpergefühl.

1. Kleiner Blutkreislauf: Pulsation
   durch die Brust
2. Großer Blutkreislauf:
   A. Pulsation durch Arm und
      Kopf
   B. Pulsation durch die Leber
   C. Pulsation durch die Eingewei-
      de
   D. Pulsation durch die Nieren
   E. Pulsation durch die Eingewei-
      de

93

im Meer des höchsten Bewußtseins. Dieses Bewußtsein und höchste *brahman* ist dein eigenes Selbst. Nun bist du in deiner Heimat. Du weißt nicht mehr, wo dein Körper ist. Das gesamte Universum ist in dir, und du bist im gesamten Universum. Zahllose Sonnen, Sterne und Planeten bewegen sich in dir. Fühle es, erfreue dich deines wirklichen Lebens.« Vollkommene Stille.

Beim Wiederholen dieser Worte wirst du sehen, daß die Schüler entspannt und magnetisiert sind. Die Besucher fühlen etwas von dieser Freude durch Teilnahme an der Yoga-Vorführung. Sie bekommen auch eine Antwort auf ihre Neugier. Nun können sie bereit sein, Yoga mitzumachen. Wenn einige Besucher infolge ihrer körperlichen und geistigen Schwierigkeiten die erwarteten Ergebnisse nicht erhalten, dann sei nicht erschrocken. Sie werden durch Wiederholen der Unterweisungen die Hindernisse besiegen und früher oder später zu Ergebnissen kommen. Zuerst werden sie ihren Körper schnell und auf tiefe Weise entspannen. Im fortgeschrittenen Zustand fühlt der Schüler, daß sein Körper mit jedem Schlag des Herzens magnetisiert wird und sein Bewußtsein erwacht.

Wenn die Anwesenden entspannt sind und ihr Körpergefühl verloren haben, wenn sie nun identisch sind mit *brahman*, dann beginne, OM und andere himmlische Gebete zu singen. Verfasse selbst Gebete und singe sie. Kannst du das nicht, dann wiederhole Gebete, die wertvoll sind. Singe nicht gewöhnliche Gebete und bitte nicht für selbstsüchtige Wünsche.

Bete für das Wohlergehen der Welt. Jedes lebende Wesen sollte frei sein von Krankheit und Leiden. Sie alle sollten glücklich sein und sich der Identität des höchsten *brahman* erfreuen. Niemand darf unglücklich sein. »Ich will kein Königreich, ich will Freude für alle. Ich will nicht nur meine Befreiung, ich will Befreiung für alle. Nicht nur aus meinem Körper sollen Leiden und Schmerzen entfernt werden, sondern aus allen Körpern. Die Jahreszeiten,

Luft, Tage, Nächte, Jahre, Planeten, Sonnen, Monde, Sterne, Meere, Flüsse – sie alle sollen Glück empfinden und sich gegenseitig helfen. OM, Friede, Friede.«

Jetzt bist du am Ende der dreizehnten Unterrichtsstunde angekommen. Lies die Unterweisung und führe sie aus. OM.

14 Suggestionen
nach Übungen und Meditation

In dieser Unterrichtsstunde wollen wir das sehr wichtige Thema des Ergebnisses von Meditation und Konzentration behandeln. Dies ist das erregendste Thema des Yoga. Als Folge der Meditation wird eine Krähe in einen Schwan verwandelt; ein Sünder wird zum Heiligen; der Schwache, Mächtige, Grausame, Unwissende, Begrenzte, Unbegrenzte und Sterbliche wird unsterblich. Dies ist die erregende und den modernen Philosophen am wenigsten verständliche Seite des Yoga.

Um die Suggestionen nach der Übung und Meditation zu begreifen, müssen wir den Vorgang der Konzentration erklären. Im Zustand der Konzentration ist das Unterbewußtsein geöffnet. Alle Eindrücke früherer Leben kommen ins Spiel. Die Kraft der Aufmerksamkeit entfernt alle schlechten Eindrücke des Unterbewußtseins und ersetzt sie durch göttliche. Hieraus ergibt sich eine Veränderung der gesamten Persönlichkeit. Im Zustand der Meditation findet eine fortwährende Erinnerung und Wiederbelebung statt. Alle niederen Begierden werden durch höhere Wünsche ersetzt, Unwissenheit durch Wissen, Unwirklichkeit durch Wirklichkeit, Unwahrheit durch Wahrheit, Sterblichkeit durch Unsterblichkeit. Nach Beendigung der Meditation ist ein Vorgang abgeschlossen.

Nun setzt der Prozeß der Veränderung ein. Er wird unauffällig und beständig in unserem Leben wirksam. Es ist die Pflicht des Schülers, ihm freien Lauf zu lassen. In der meditativen Phase hat das Unterbewußtsein alle Befehle aufgenommen, und nach der Meditation beginnen nachwirkende Suggestionen in unserem Leben aufzutreten.

Viele seltsame und unglaubliche Veränderungen und Geschehnisse ereignen sich in unserem Leben. Der Anfänger wird von ihnen gebannt sein.

Gewöhnlich fragen mich Schüler, wieviel Zeit sie für die Meditation verwenden sollen. Meine Antwort lautet: 24 Stunden am Tag und 365 Tage im Jahr. Diese Antwort bringt sie aus der Fassung. Was sich nun ereignet, ist folgendes:

Wenn *nadam* gegenwärtig ist, dann zügeln wir unsere schlechten Gewohnheiten während der Meditation und setzen an ihre Stelle Suggestionen nach beendeter Meditation wie die folgende: »Oh, mein Unterbewußtsein. Nachdem du die Schwelle zum Bewußtsein überschritten hast, befehle ich dir, alle Organe der Wahrnehmung und Bewegung stark und mächtig zu machen. Mein Bewußtsein soll alle außersinnlichen Wahrnehmungen empfangen. Ich muß nicht immer und immer die gleichen Fehler wiederholen. Meine Ohren sollen nicht bereit sein, auf Schlechtes zu hören, meine Zunge soll nicht Unwahrheit reden, meine Hände nicht unrechte Arbeit verrichten. Meine Füße sollen nicht in falscher Richtung gehen. Alle meine Organe der Wahrnehmung und Bewegung müssen frei sein von jeder unguten Empfindung und Bewegung.« Kurz zusammengefaßt: Du mußt deinen Gedanken gebieten, recht zu handeln, und ihnen befehlen, alle schlechten Regungen von Körper, Sinnen und Gedanken zu zügeln.

Das Unterbewußte ist ein treuer Diener und folgt jedem Befehl, dem bösen wie dem göttlichen. Der Befehl muß mit dem Herzen, nicht mit deiner Zunge erteilt werden. Das Unterbewußtsein wird dir nicht gehorchen, wenn du nur mit Worten befiehlst und zur gleichen Zeit deinem Herz-Bewußtsein eingibst, Böses zu tun. Sei gewiß, daß das Unterbewußte Befehle vom Herzen bekommt und nicht nur durch die Zunge oder eine andere Stelle, die nicht mit dem Herzen übereinstimmt.

Darum soll dein Herz im meditativen Zustand deinem

Unterbewußtsein Befehle geben. Nach wenigen Monaten Praxis wirst du bemerken, daß dein Geist bereit ist, deinen Anweisungen nach der Meditation zu folgen. Auf diese Art dauert sie 24 Stunden am Tag, selbst wenn du deine Arbeit verrichtest.

Stelle deinem Unterbewußtsein keine Hindernisse in den Weg, während es die Suggestionen nach der Meditation ausführt. Manchmal wirst du widerstreitende Kräfte des Unterbewußtseins und des Bewußtseins spüren. Gib den tugendhaften Kräften von beiden den Vorrang und dränge alle gegenteiligen Kräfte zurück. Auf diese Weise wirst du in der Lage sein, alle Gegenkräfte zu beherrschen, und deine Gedanken können in Freiheit deine Befehle ausführen. Bitte nicht, sondern gib Befehle!

Hier ist Verständnis unseres täglichen Lebens und der Macht unseres Unterbewußtseins notwendig. Unser Alltagsleben ist voller Suggestionen. Jeden einzigen Augenblick geben wir Suggestionen für weitere Arbeit. Wenn wir zum Beispiel des Morgens erwachen, geben wir unserem Unterbewußtsein Suggestionen für die gesamte Arbeit des Tages. Wenn wir studieren, geben wir Suggestionen, die uns zu einem Abschluß oder Diplom unserer Studien helfen sollen. Bei irgendeinem Programm geben wir Suggestionen für spätere Arbeit. Unser Leben ist voll hypnotischer Suggestionen. Wenn wir den Einfluß der Hypnose ausschalten wollen, müssen unsere gedanklichen Suggestionen so stark sein, daß sie die Hypnose aus unserem Denken ausschalten. Jede Gewohnheit, Handlung oder Durchführung ist Ergebnis vorangegangener Suggestion, die unserem Unterbewußtsein gegeben wurde. Nicht nur augenblickliche Suggestionen, sondern auch die Summe und Intensität von früheren bekunden sich in Umfang und Anzahl unserer Leistungen. Darum mußt du in der Meditation starke gedankliche Suggestionen deinem Unterbewußtsein für die Zeit danach geben. Wenn du dies tust, dann wirst du bald erfahren, daß dein Unterbewußtsein dir 24 Stunden am Tag und 365 im Jahr gehorsam ist.

Dein Schlaf wird deiner Suggestion entsprechen. Du wirst wunderbare, herrliche Träume haben. Diese Suggestionen werden dein Leben aufheitern und dir Erfolg bringen. So wirst du der Welt helfen können. Deine Suggestionen sollen positiv sein. »Ich entspanne mich jeden Tag noch mehr. Ich werde mehr Willenskraft bekommen. Jeden Tag werde ich erfolgreicher sein. Ich werde glücklich sein und täglich mehr Gutes tun. Täglich werde ich anderen mehr und mehr helfen. Ich will jeden Tag Fortschritte machen, alle meine Schwierigkeiten besiegen und in meiner Meditation neue Einsichten bekommen. Täglich wird mein Erfolg zunehmen im Kampf gegen niedere Begierden, Angst und Unwissenheit. Ich werde neues Leben und Licht empfangen. Jede Meditation wird sich vertiefen und neue Schau eröffnen. Täglich werde ich meine Gesundheit verbessern und meine Schwächen, Krankheiten und Leiden besiegen.«

Dies sind einige positive Suggestionen, die nach der Meditation nachwirken. Du kannst, deiner Lage entsprechend, unzählige Suggestionen geben, um mit der Zeit deine Schwierigkeiten zu überwinden.

Am Ende wirst du erfahren, daß du dein Unterbewußtsein zu beherrschen vermagst. Es wird allen deinen bewußten Befehlen gehorchen. Dies ist ihm nichts Neues, denn es gehorcht dir jeden Augenblick, auch wenn du es nicht empfindest.

Früher gabst du falsche Suggestionen, die in deinem Leben negative Ergebnisse hervorriefen. Jetzt denkst du, dein Unterbewußtsein sei gegen dich. Dies stimmt nicht, aber deine eigene frühere negative Suggestion steht gegen deine jetzige Situation. Unser heutiges Leben ist Ergebnis der Suggestionen unseres früheren Lebens, und unser zukünftiges Leben wird Ergebnis der augenblicklichen Suggestion sein. Wenn du ein gutes, erfolgreiches späteres Leben und Erleuchtung haben willst, dann befiehl deinem Unterbewußtsein durch erleuchtende Suggestionen.

Dies ist das Ende der vierzehnten Unterrichtsstunde. Lies und verstehe die Unterweisung. Erweitere sie, führe sie aus und freue dich an den Ergebnissen der nachwirkenden Suggestionen.

15 Empfindungslosigkeit
durch Yoganidra

Durch Konzentration kann örtliche oder allgemeine Empfindungslosigkeit, ein Zustand des *yoganidra*, in jeglichem Körperteil hervorgerufen werden. In diesem Zustand empfindet der Mensch keine Schmerzen.

Es gibt subjektive und objektive Empfindungslosigkeit. Wenn du sie in dir selbst hervorrufst, ist sie subjektiv. Tust du es bei anderen, ist es eine objektive Betäubung.

Zuerst entspanne einen Körperteil und magnetisiere ihn nach der Entspannung vollständig. Die Suggestionen müssen stark sein, damit kein Schmerzgefühl mehr vorhanden ist. Lenke deine Willenskraft entschlossen auf diesen Körperteil, und du wirst bemerken, daß er empfindungslos ist. Du kannst jeden Körperteil und jede Person betäuben. Gib starkes *samyamah* (Fixierung, Suggestion und Empfindung), so machst du ihn schmerzlos. Wähle hierfür irgendeine empfindsame Stelle wie Zunge, Ohr, Hand Fuß, Bauch etc. Durch beständige Suggestion deiner Gedanken wird dieser Teil empfindungslos. Du kannst jetzt eine Nadel hineinstecken oder operieren.

Ist ein Mensch in rechter Weise geschult, dann braucht man keine Injektion, kein Chloroform, um ihn örtlich oder den ganzen Körper für eine Operation zu betäuben. Jeder einzelne Körperteil wird so empfindungslos, daß sogar eine brennende Kerze keine Schmerzreaktionen hervorrufen kann. Zuerst wird es dir schwerfallen, aber nach richtiger Schulung und regelmäßiger Übung wird deine Betäubung erfolgreich sein und zu einer ganz alltäglichen Behandlung werden. Wenn du die wunderbaren Ergebnisse dieser Übung siehst, wirst du große Zuversicht und Vertrauen auf deinen künftigen Fortschritt erlangen. Weitere Versuche werden für dich leichter sein.

Mache aus dieser Betäubungsart niemals eine Schaustellung. Übe für dich und lehre nur die ernsthaft Suchenden. Diese Methode gibt dir die Kraft, selbst Schmerzen auszuhalten, ebenso Belastung, Berührung und Temperatur. Diese werden den höchsten Zustand des *samadhi* nicht stören. Meditation und Konzentration können durch sie noch beunruhigt werden. Aber dann nicht mehr, wenn du die Technik ihrer Beherrschung entwickelt hast.

Die Gedanken kommen unter vollkommene Kontrolle. Frei von allen materiellen Begierden versinken sie im höchsten Bewußtsein. Sie sind dem Anschein nach unbeweglich wie eine elektrische Birne, die unaufhörlich Licht spendet. Wenn die Gedanken durch Yoga-Praxis in ihren rastlosen Bewegungen anhalten und still werden, erfährt der Schüler die Identität mit dem Meer des höchsten Bewußtseins. Dies gibt ihm vollkommene Befriedigung, und er erkennt, daß Glück und Friede, die er durch Yoga erlangte, einmalig und unvergleichlich sind. In seinem Herzen spürt er, wie diese Freude jenseits des Bereichs der Sinne liegt. Festgegründet in dieser Erkenntnis, kann er niemals der innersten Wahrheit seines Wesens untreu werden. Er bewahrt sie wie eine Schatzkammer, kostbarer als alles andere. Selbst tiefster Schmerz kann die Gegenwart seines Geistes nicht mehr beeinträchtigen. Sie zerbricht allen Kontakt mit Schmerzen und Leiden. Du mußt fest entschlossen üben, ohne dich entmutigen zu lassen. Verzichte auf alle materiellen Begierden und übe es (Gita, Kap. 6).

Dies ist das Ende der fünfzehnten Unterrichtsstunde. Lies alles noch einmal, erfasse es, und führe es sorgfältig aus, um die Ergebnisse in deinem Körper zu erfahren.

Befreie dich mit Hilfe deiner Willenskraft nach und nach geduldig von allen gedanklichen Zerstreuungen.

Hefte deine Gedanken unbeweglich auf das höchste Bewußtsein. Gib starke Suggestionen und spüre, daß du dein Körperbewußtsein verloren hast und mit dem höchsten Bewußtsein identisch bist. Wenn die rastlosen und unruhigen Gedanken herumwandern, dann halte sie zurück und hefte sie wieder auf das höchste Bewußtsein. Nach wenigen Monaten der Übung wirst du dich festgegründet fühlen in der Identität mit dem höchsten Bewußtsein und wirst alle Schmerzen und Leiden des Körpers überwinden.

Anmerkung: Es gibt gewisse Drogen, die örtliche oder allgemeine Betäubung hervorrufen wie Kokain, Novokain, Äther, Chloroform, Menthol etc., aber sie bringen weder eine geistige Entwicklung noch eine Veränderung im Verhalten des Menschen hervor. Er ist der gleiche vor- und nachher. Dabei erreicht Yoga durch seine Betäubung, daß der Sünder ein Heiliger, der unruhige Mensch ein ruhiger wird und seine Gedanken voll Frieden und Glück sind.

16 Satkarmas: Sechs Methoden zur Überwindung geistiger und körperlicher Krankheiten

Es gibt sechs Techniken, um geistige und körperliche Krankheiten zu überwinden. Wenn der Körper von ihnen befreit ist, erleuchtet ihn das Bewußtsein seiner selbst:
1. *Dhauti*
2. *Basti*
3. *Neti*
4. *Tratakam*
5. *Naulikarma* oder *Nauli*
6. *Kapala bhati*

Diese sechs Techniken reinigen den Körper von allen Krankheiten, entwickeln die Fähigkeit zu übernatürlicher Wahrnehmung und erleuchten den Geist des Selbst-Bewußtseins. Sie sollten geheim gehalten und an einem einsamen Ort nur unter Führung eines erfahrenen Yogis ausgeführt werden.

1. *Dhauti karm:* Ein Streifen feinen Leinens, etwa 75 cm breit und 4,50 m lang, wird in warmes Wasser getaucht und langsam hinuntergeschluckt, dann wieder herausgezogen. Das Schlucken sollte nach und nach geschehen. Anfänger müssen es nach 15 Tagen erlernt haben. Täglich sind etwa 30 cm mehr herunterzuschlucken. Am ersten z. B. 30 cm, am nächsten 60 cm etc. Am 15. Tag ist die ganze Länge eingezogen. Nach dem Verschlucken des Leinentuches ist eine kreisförmige Bewegung zu machen – von links nach rechts und von rechts nach links. Danach muß das Tuch langsam und vorsichtig herausgezogen werden. Durch diesen Vorgang wird der gesamte Magen-Darmtrakt (Nahrungskanal) gewaschen und Magen-Darm-Krankheiten besiegt. Dies

heißt *dhauti*-Reinigung. Der ganze Stoffwechsel wird dadurch verbessert.

2. *Bhasti:* Davon gibt es zwei Arten:
   a. *Uttara basti.* Das Waschen der Harnblase
   b. *Ado basti.* Das Waschen des Mastdarms

Reines Wasser oder Milch werden mit einem Klistier in die Harnblase eingeführt. Dieser Vorgang wird immer wieder und wieder angewendet. Es kann auch salzhaltiges oder destilliertes Wasser benutzt werden. Dies wird *uttara basti* genannt. Bei Frauen wird auf solche Weise der ganze Scheidekanal durchspült.

Vorgang: Nimm ein Schlauchstück von etwa 1,5 cm. Reibe das Ende des Schlauchs mit Öl oder irgendeiner Salbe ein, und führe ihn langsam durch den After in den Mastdarm ein. Setze dich in einen Kübel, der mit Wasser gefüllt ist. Unterleib und After müssen sich zusammenziehen. Das Wasser wird heraufgezogen und wieder hinausgestoßen. Bei diesem Klistier kann anstelle von Wasser auch Milch oder Molke benutzt werden.

Uttara basti entfernt alle Krankheiten der Genitalien und *ado basti* alle Krankheiten der Eingeweide. Die Sinne werden gereinigt, die Verdauung verstärkt.

3. *Neti:* Eine weiche, aus Fäden geschlungene Kordel von etwa 15 cm Länge sollte langsam durch den Nasendurchgang geführt und durch den Mund wieder herausgelassen werden. Dies wird *neti* genannt. Gewalt soll bei diesem Vorgang vermieden werden. Ein Nasenloch muß immer weit geöffnet bleiben. Versuche, beide Nasenlöcher relativ weit offen zu halten. Diese Übung säubert den ganzen Kopf und regt als Reflex das gesamte Nervensystem an.

4. *Tratakam:* Vergleiche Kap. 6.

5. *Nauli:* Lege deine Hände auf deine Hüften und beuge den Oberkörper nach vorn. Bewege die Bauchmuskeln abwechselnd aufwärts und abwärts, nach rechts und nach links. Es genügen wenige Monate der Praxis, um

nauli ausführen zu können. Bewege den Bauch mit aller Kraft, so daß er wie eine Zentrifuge arbeitet. Bei akuten Bauchkrankheiten sollte dies nicht geübt werden. Auch nicht bei Schwangerschaft. Alle Bauch- und Brusterkrankungen werden geheilt, der Stoffwechsel angeregt und vollkommene Gesundheit hergestellt.

6. *Kapala bhati:* Atme schnell, aber weich ein und aus wie ein Blasebalg. Dies heißt *kapala bhati*. Fühlst du dich schwindlig und benommen, dann höre auf und meditiere. Führe dies mehr als einmal am Tage aus, anfangs aber nicht länger als fünfmal täglich. Es entfernt alle Krankheiten des Kopfes und des zentralen Nervensystems.

Das ist das Ende der sechzehnten Unterrichtsstunde. Lies die Lektion gut, erfasse sie, und führe sie langsam und sorgfältig aus.

Anmerkung: *Satkarma* sollte nur nach Anweisungen eines Lehrers oder mit einem erfahrenen Menschen ausgeführt werden.

17 Wahrnehmung durch Sinne und außersinnliche Wahrnehmung

Einteilung von Sinneswahrnehmungen

Die Sinneswahrnehmung kann eingeteilt werden in:

1. Besondere Sinneswahrnehmung
2. Allgemeine Sinneswahrnehmung
3. Außersinnliche Wahrnehmung

Die erste Wahrnehmungsart wird von hochspezialisierten Nervenenden, die in gewissen Körperteilen lokalisiert sind, empfangen. Die Teile werden Sinnesorgane genannt. So etwa Nase, Ohr, Auge, Zunge, Haut. Die zweite Art ist weniger begrenzt, die dritte gehört zum hochentwickelten Bewußtsein.

Allgemeine Empfindung wird vom Körper ganz allgemein wahrgenommen. Sie kann oberflächlich von der Haut und den ihr zugrundeliegenden Nerven vermittelt werden. Wenn die Nerven, die zur Haut führen, durch die Konzentration ausgeschaltet sind, bleibt dennoch eine Tiefenempfindung zurück. Oberflächliche Empfindung wird durch Berührung, Schmerz und Temperatur ausgelöst. Tiefe Empfindung entsteht durch das Wahrnehmen eines Druckes, der durch Berührung oder Bewegung des Körpers und der Organe oder durch Schmerz in den Muskeln und Knöcheln ausgedrückt wird. Die Nervenfasern, die diese Wahrnehmung übermitteln, laufen mit denen der Muskeln zusammen und folgen den Blutgefäßen.

Außersinnliche Wahrnehmung wird allein durch Konzentration gewonnen.

Vielfältige Versuche wurden unternommen, um die Sinneswahrnehmungen nach Art ihrer Regeneration im Bereich der Hautnerven einzuordnen. Man ist sich einig, daß

Hautschäden und stärkste Temperaturveränderungen zuerst undifferenzierte Sinneswahrnehmungen hervorrufen, die schon genügen, um Schutzmaßnahmen auszulösen. Später kehren Lokalisierung, Unterscheidung und feinere Grade der Empfindung zurück. Solche Einordnung und Unterteilung der Sinneswahrnehmungen werden unterstützt durch Forschungen in vergleichender Anatomie und Physiologie. Unser Bewußtsein, das durch Entwicklung des Nervensystems infolge des Konzentrationsvorgangs erlangt wird, kann dies unmittelbar wahrnehmen.

Ein stark gequetschter Nerv erholt sich viel schneller als ein durchschnittener. Der normale Mensch besitzt einen hochentwickelten allgemeinen und besonderen Wahrnehmungsapparat gegenüber einer schädlichen Umwelt. Später entwickeln Yoga-Übungen außergewöhnliche Sinneswahrnehmungen und Kräfte der Unterscheidung. Diese Wahrnehmungen sind eng verbunden mit besserer Beherrschung von Bewegung und Sicht. Mit der Entwicklung des *sirobrahman* (Großhirns) oder *sahasraram* entsteht ein zunehmendes Verständnis für alle Wahrnehmungen. Sei gewiß, daß jede höhere Stufe die untere übersteigt, auf sie reagiert und sie verändert. Jede Stufe ist, kurz gesagt, die Entwicklung einer niederen.

Bei Erörterung der allgemeinen Funktionen des Nervensystems darfst du nicht vergessen, daß dieses Impulse aus Anreizen der persönlichen wie der allgemeinen Umwelt und aus verschiedenen Körperteilen sammelt. Eine bestimmte Anzahl dieser Impulse erreicht das Bewußtsein und erregt Empfindungen. Alle Sinneswahrnehmungen sind begrenzt und können jenseits dieser Begrenzung keine Impulse erfassen. Folglich gibt es über diese hinaus keine Wahrnehmung. Die Empfindungen, die man erfährt, hängen normalerweise von Erregung durch einen geeigneten Reiz der Nervenenden ab. Diese vermögen bestimmte Reize oder solche von besonderer Qualität aus der Umwelt wahrzunehmen.

Die Nervenenden haben für den besonderen Reiz, auf den sie abgestimmt sind, eine niedere Wahrnehmungsschwelle als die Nervenfasern selbst und lösen Nervenimpulse aus durch einen Grad der Anregung, der sonst nicht wirksam wäre. Zum Beispiel wird ein bestimmter Druck, der den ulnaren Nerv (den Ellenbogenknochen) nicht anregen würde, eine Empfindung im Tastsinn verursachen, wenn er die Enden dieses Nervs im kleinen Finger berührt.

Nervenenden wurden entwickelt für die Aufnahme einer großen Vielfalt von Reizen wie Licht, Farbe, Geruch und Druck etc.

Reize müssen nicht nur besondere Eigenschaften haben, sondern auch eine geeignete Stärke. Eine zu leichte Berührung, ein zu schwacher Ton werden keine Wirkung auf das Bewußtsein ausüben. Die Stärke eines Reizes, die gerade genügt, um eine Wahrnehmung hervorzurufen, wird Grenzwert des Reizes oder seine absolute Schwelle genannt. Der Reiz hat auch eine Zeitbegrenzung. Dies kann man gut beim Auge beobachten. So erscheinen Filmbilder in einer ununterbrochenen Reihenfolge, weil ihre Bewegung sehr schnell abläuft. Wenn dies nicht geschieht, tritt ein Flimmern auf. Schnelligkeit der Hand täuscht das Auge. Auch der Unterschied zwischen zwei Reizen darf nicht unter die gegebene Schwelle fallen. Sonst wird er nicht aufgenommen. Wenn zwei Musiktöne auf fast gleicher Höhe liegen, wenn zwei Farben ähnliche Schattierungen haben, wird der Unterschied kaum wahrzunehmen sein. Deshalb besteht ein Grenzwert für die Verschiedenheit von Reizen. Dieser ist als Reizschwelle bekannt. Wahrnehmbarer Unterschied zwischen zwei Reizen hängt von dessen Verhältnis zu beiden Größen ab, nicht von dem absoluten Unterschied. Ein aufblitzendes Licht wird in einem Keller, nicht aber im Sonnenschein sichtbar. Ist ein Zimmer von hundert Kerzen erleuchtet, würde eine zusätzliche Kerze die Helligkeit verstärken und dem Auge sichtbar machen. Wenn aber ein Zimmer von tausend Kerzen erhellt wird, wird durch eine weitere Kerze kein Unterschied mehr wahrnehmbar. Es müßten zehn Kerzen hinzukommen, damit ein bemerkbarer Unterschied entsteht. In jedem Fall ist ein Hundertstel der ursprünglichen Reizstärke notwendig, um einen noch sichtbaren Unterschied hervorzurufen. Beim Licht ein Hundertstel, beim Ton etwa ein Drittel, beim Druck auf die Haut zwischen einem Dreißigstel und einem Zehntel. Bei Belastung zwischen einem Siebzigstel und einem Vierzigstel, wobei es auf die verschiedenen Körperteile ankommt.

Der Niederschlag einer Wahrnehmung benötigt eine merkliche Zeit. Ein Teil dieser Zeit wird an den Nervenenden verbraucht, auf die der Reiz einwirkt, ein Teil für die Vermittlung der Reize durch die Nervenstränge bis zum Gehirn hin und ein Teil im Gehirn selbst. Diese mögliche Dauer verändert sich entsprechend der Art der Wahrnehmung. Das heißt, sie ist länger für das Sehen als für den Ton und länger für Schmerz als für Berührung.

Die Empfindung überdauert den Reiz, der sie hervorrief. Solche nachträglichen Empfindungen sind besonders bemerkbar beim Sehen. Wenn wir angespannt auf einen Gegenstand blicken, können wir ihn mit geschlossenen Augen noch eine Zeitlang weiter sehen.

Die Impulse. Seiner Natur nach ist der natürliche Reiz in allen Nerven gleich. Der Impuls, der im Sehnerv durch Licht ausgelöst wird, ist der gleiche wie der im Hörnerv durch den Ton erregte. Die Verschiedenheit der Wahrnehmung wird vom einzelnen durch »Berichterstatter« im zentralen Nervensystem festgestellt. Impulse, die bestimmte »Berichterstatter« wie jene der Sehkraft erreichen, werden als Licht erfaßt, wie immer der Impuls auch angeregt wird.

Jedes Sinnesorgan läßt, unabhängig von seiner Anregung, seine eigene besondere Wahrnehmung entstehen. Das Licht wird nach der Stärke des Reizes auf die Netzhaut oder den Sehnerv eingeschätzt. Mechanische, chemische oder elektrische Reizung des Nervs, der vom Gesichtsnerv zum Zungennerv zieht, verursacht eine Geschmacks-Empfindung.

Bei allen Wahrnehmungen spielt die Haut eine wesentliche Rolle. Der ganze Körper ist aus den drei Keimblättern, Ektoderm, Mesoderm und Endoderm hervorgegangen. Die Haut versieht folgende Funktionen:

1. Schutz
2. Empfindung
3. Regulierung
4. Atmung
5. Aufnahme von nahrhafter Substanz
6. Blutdepot
7. Ausscheidung von Schweiß (heiße und kalte Sekretion)
8. Talgdrüsen oder Ölsubstanz
9. Versorgung von Haaren
10. von Pigmentierung
11. von Schönheit etc.

Durch Konzentration verstärken sich alle Wahrnehmungen. Die Reizschwelle wird aufgehoben. Der Schüler kann die Begrenzung übersteigen oder unter ihr bleiben. Physiologische Beschränkungen gehen nur den Durchschnittsmenschen an. Durch Yoga-Konzentration kann Hellsehen und Hellhören gewonnen werden. Die allgemeinen Wahrnehmungen, die besonderen und außersinnlichen Empfindungen sind einzigartig.

Der Anfänger muß jetzt in der Lage sein, sich ein gesamtes klareres und verständlicheres Bild über die Aufgaben des zentralen Nervensystems (*susumna*) zu machen. Im Tierreich erfüllt dieses den Zweck, den inneren Apparat des Körpers zu regulieren und den Körper an seine Umgebung anzupassen. Je mehr wir die zoologische Stufenleiter hinaufsteigen, um so mehr können die Tiere sich an ihre verschiedenartige Umwelt anpassen. Dies ist zum großen Teil auf ihre zunehmende Fähigkeit der Fortbewegung zurückzuführen. Sie kann in gewissem Sinn als Gradmesser der Entwicklung angesehen werden. Beim Betrachten des Königreichs der Tiere wirst du zum Schluß kommen, daß das Nervensystem weitgehend nach den Forderungen der Fortbewegung entwickelt ist.

Ein primitives Tier wie die Qualle, die sich nicht weit fortbewegt, hat ein Nervensystem, das nur fähig ist, das Tier zu schützen, ein Netz von Nerven, in dem die wesentlichen Elemente eines einfachen Reflexes gefunden werden. Das heißt zentrale Zellen und Nervenfasern für die Wahrnehmung und Bewegung.

Etwas höher entwickelte Tiere, z. B. die Würmer, die sich kaum mehr bewegen, haben eine Hauptkette von Ganglien. Jeder Nervenknoten betreut einen Teil, aber es besteht eine Zusammenarbeit zwischen ihnen zum Schutz des Ganzen. Dies ist die grundlegende Funktion der Wirbelsäule und des Gehirnstamms der Tiere.

Wenn die Tiere noch beweglicher werden, bedürfen sie einer Vorkehrung für eine bessere Versorgung von *prana vayu* (Luft) und Nahrung. Nun entwickeln sich Medulla (Rückenmark) und Pons (Varols-Brücke), in denen die Zentren liegen, die Atmung und Kreislauf steuern. Die Fähigkeit zu verdauen wird verstärkt durch die Tätigkeit des Vagus-Nervs (des zehnten Gehirnnervs), der das Schlucken, die Ausscheidungen und die Nahrungsaufnahme kontrolliert. Ein Zentrum des Brechreizes wird entwickelt als Schutz gegen giftige Substanzen, die durch den Nahrungskanal aufgenommen wurden.

Bei noch größerer Beweglichkeit, die durch Entwicklung der Beine ermöglicht wird, entstehen Körperreflexe, die vom oberen Teil der Medulla gesteuert werden, und durch Entwicklung des *sirobrahman* (Großhirns) wird für eine größere Zusammenarbeit gesorgt.

Noch höher entwickelte Tiere besitzen im Hypothalamus Zentren, die Anpassungsfähigkeit an Temperaturveränderungen übertragen und alle Vorteile schneller chemischer und mechanischer Prozesse, die den Warmblütern eigen sind. Dieser Bereich liegt im *ajna cakram* und wird für das Zentrum des primitiven Systems gehalten, dessen Tätigkeit die Erhaltung des Individuums und seiner Art ist. In Verbindung mit *somamandalam* (Hypophyse) werden durch diesen Bereich Fortpflanzung und Wachstum kontrolliert. Auch sind die heftigen Reaktionen auf die Umwelt hier lokalisiert.

Das *sirobrahman* (Großhirn) ist im höchsten Tier entwickelt und verbindet vergangene Erfahrungen mit gegenwärtigen. Es ermöglicht eine geplante Anpassung an noch kompliziertere Umgebungen und an moderne mechanische Beförderung und Kommunikation durch noch größere Beweglichkeit des Körpers und der Gedanken.

Für langsamere, aber beständige Reaktionen verschaffen die Drüsen noch weitere Anpassung: die Hypophyse für Wachstum und Fortpflanzung; die Schilddrüse für die Kontrolle des Stoffwechsels, die Nebenniere für alle kleineren Tätigkeiten. Andere endokrine Drüsen sind entwickelt, um bestimmte Handlungen, Bewegungen, Anpassungen und Wahrnehmungen zu ermöglichen.

Bei höherer Entwicklung erkennen wir, daß der Einfluß des Individuums auf die Umwelt immer größer wird. Auf der einen Seite der Skala ist das Geschöpf, das bei einer merkbaren Veränderung der Umgebung stirbt, auf der anderen steht der Mensch, der durch seine größere Anpassungsfähigkeit den niederen Tieren zugleich überlegen und auch Schöpfer und Herr eines großen Teils seiner Umwelt ist.

Methoden. Ziel des Yoga ist die Prüfung aller Empfindungen und die Stärkung aller Wahrnehmungen bis zur Vollendung hin. Zu diesem Zweck brauchst du ein Allgemeinwissen über Anatomie und Physiologie aller Sinne, Kenntnis aller ihrer Tätigkeiten, der Empfindungs- und Bewegungsorgane, der Nerven und psychischen Zentren.

Das Hauptziel der Konzentration ist das Erwecken der Kundalini (Nervensystem), die innerhalb der Grenzen zur Schwelle schläft. Alle hormonalen Ausscheidungen werden von Mißbrauch geschützt und in verwandeltem Zustand für die Entwicklung des Nervensystems gebraucht. Durch die Kraft von *samyamah* (Fixierung, Suggestion und Empfindung) wird die begrenzende Schwelle gehoben, und der Mensch beginnt, das umfassende Phänomen der höchsten Natur zu erfahren.

Bringe deinen Körper in eine bequeme Stellung. Entspanne ihn vollkommen. Führe *pratyahara* aus (Zurücknahme der Energie). Nimm Energie und Bewußtsein aus jedem Organ und Glied zurück, und spüre die Veränderung in deinen Empfindungen. Als Übung nimm erst einen Körperteil, dann einen anderen. Magnetisiere ihn völlig. Fühle elektromagnetische Wellen um dich und in dir. Ist dies nicht der Fall, dann entspanne deinen Körper noch einmal vollständig. Übe, deinen Atem anzuhalten, und lenke deine Aufmerksamkeit auf allgemeine, besondere und außersinnliche Wahrnehmungen. Der Körper wird sehr empfindlich, die Gedanken werden schärfer und die Sinne feiner.

Außersinnliche Wahrnehmung hängt nicht von den Sinnen ab. Sie ist dem Bewußtsein vorbehalten. Wenn das höchste Bewußtsein sich manifestiert hat, erkennst du dich selbst und das Universum, das dich umgibt. Zweifellos wird die Wahrnehmung manchmal auch einem gewöhnlichen Menschen zuteil. Dann beginnt er vieles zu erkennen, was ihm zuvor verborgen war. Dies aber ereignet sich nur für einen Augenblick und steht jenseits seiner Kontrolle. Jeder kann eine solche Erfahrung in seinem Leben machen, aber die außersinnlichen Wahrnehmungen, die durch Yoga erlangt werden, dauern an, stehen unter Kontrolle und führen zur Vollkommenheit.

Meditiere über *nadam*, um bestimmte außersinnliche Wahrnehmungen zu erfahren. Übe *tratakam* und führe den Blick auf die Nasenspitze aus. Durch diese Praxis wird das gesamte Nervensystem erweckt, und der Körper wird zu einem kleinen, sich bewegenden Universum. Du erfährst alles in diesem Körper: Die Welt, Sonnen, Monde, Sterne, die du im außen siehst, kannst du auch in dir selbst durch die Kraft von *samadhi* wahrnehmen. Dein Körper wird zum wirklichen Empfänger und Sender, der Antriebskraft ausschickt und Empfindungen erhält. Du wirst eine bewegliche Rundfunk-Station in deinem Zentralnervensystem besitzen.

Dies ist das Ende der siebzehnten Unterrichtsstunde. Lies die Unterweisungen, erfasse sie. Erweitere sie durch deine Überlegungen, konzentriere deine Gedankenkräfte, und nimm das wunderbare Erlebnis der Kundalini-Shakti (aufgerollte Möglichkeit der Kraft) wahr, wenn sie aus ihrem Schlafzustand erweckt wird.

18 Das Öffnen des dritten Auges

Einführung. Das dritte Auge liegt in der Mitte der Stirn. Das dritte Auge und seine genaue Lage – das heißt auf dem Punkt zwischen den Augenbrauen bis zur Mitte der Stirn – ist im Yoga eine symbolische Darstellung. Die Stelle ist von dreieckiger Form. Ihre Basis liegt zwischen den Augenbrauen und dem Scheitelpunkt in der Mitte der Stirn. Das dritte Auge stellt das ewige Wissen dar, und der Ort gibt *ajna cakram* an. Der Thalamus mit allen seinen endokrinen Drüsen und Nervenverbindungen, der als Sitz des persönlichen Bewußtseins angesehen wird und in Verbindung steht mit der Großhirnrinde *(sahasraram)*, übt durch dieses Zentrum seine Gewalt über den ganzen Körper aus. Dieser Ort ist für die Übung ausgewählt. Es ist nicht nur der anatomische Ort, sondern auch das psychische Chakra, das alle Strukturen des zentralen Nervensystems einschließt, die verantwortlich sind für die individuelle Persönlichkeit, für Existenz und Wissen. Im gewöhnlichen Zustand arbeitet dieses Zentrum nur zum Teil. Beim Lernen und bei moderner Philosophie arbeitet es gemäßigt; durch Yoga-Praxis aber wird es zu vollkommener und vollendeter Arbeit eingesetzt. Das Erwecken dieses Chakras wird fachlich das Öffnen des dritten Auges genannt, weil wir durch dieses genau unsere eigene wahre Gestalt und das Weltall um uns erblicken. Es wird das dritte Auge genannt, weil wir schon zwei Augen haben, mit denen wir die physische Welt sehen.

Allgemeine Beschreibung. Auf meiner Weltreise kamen viele Menschen zu mir mit der folgenden Frage, und da ich auch Arzt bin, waren sie besonders interessiert, etwas von mir zu lernen: »Ist es möglich, das dritte Auge durch eine Operation zu öffnen?« Aber nicht nur diese Frage stellten sie. In Indien kamen sogar viele in meine Arzt-Praxis und erkundigten sich über das dritte Auge. Sie waren auch bereit zu einer Operation, wenn eine solche möglich sei. Sie brachten verschiedene Zeitungsausschnitte aus der ganzen Welt mit und viele Bücher von einer Anzahl Autoren über dieses Thema. Meine Antwort ist sehr klar und einfach: »Ja«, worauf die Menschen sich hoffnungsvoll und freudig zur Operation bereit erklärten. Aber als ich ihnen die wirkliche Bedeutung der Operation erklärte, ihren Ablauf und die Kosten, kamen sie bis heute selten wieder.

Zweifellos wird das dritte Auge durch Operation geöffnet, diese aber kann niemals in einem Krankenhaus ausgeführt werden. Für eine solche Operation ist eine lebendige geistige Atmosphäre notwendig. Wie in einem Operationssaal bedarf es eines Chirurgen, eines Assistenten, eines Arztes für die Betäubung und anderer Helfer. Der Arzt bei dieser Operation ist *anahat nadam* oder der ewige Geist. Der Operationstisch ist eine bequeme Stellung. Die allgemeine Betäubung wird durch *samyamah* (Fixierung, Suggestion und Empfindung) hervorgerufen. Alle sensorischen und motorischen Organe arbeiten mit, und die Bedingungen der Umwelt werden zu Helfern. Es ist die schwierigste Operation der Welt. Wenn der Körper durch die Kraft von *samyamah* magnetisiert und vollständig betäubt ist durch *pratyahara* (Zurücknahme von Kraft und Bewußtsein), dann ist man für die Operation bereit. Ist die Betäubung nur oberflächlich, kann die Operation nicht stattfinden. Deshalb muß man in den tiefen Zustand von *samadhi* versinken. Dies ist die tiefste Betäubung, in der das Unterbewußtsein alle früheren Erinnerungen freigibt und die Kraft der Aufmerksamkeit alle schlechten Eindrücke forträumt, die im Unterbewußtsein aufgezeichnet sind. Nach Entfernung der Unwissenheit beginnt die

Intuition ohne Hemmung zu arbeiten. Sie hat von Natur aus die Kraft, in den Menschen einzudringen, aber unsere Unwissenheit hindert sie, diese Kraft auszuüben.

Methode und Technik

1. Bringe deinen Körper in eine bequeme Stellung, so daß er im Tiefschlaf nicht fallen kann. Sonst könntest du dich verletzen und den Ablauf der Übung stören.

2. Entferne alle Ängste und alle Schwachheit aus deinem Bewußtsein.

3. Denke, daß hinter diesem Körper eine ewige Energie am Werke ist.

4. Jetzt strahlt diese ewige Kraft um uns. Sie erleuchtet die ganze Welt. Denke einige Minuten darüber nach.

5. Schließe langsam deine Augen und hefte deine Aufmerksamkeit fest auf den ganzen Körper. Denke mit aller Kraft daran, daß du den gesamten Körper betäuben willst. Wende *samyamah* und *pratyahara* an. Entspanne deinen ganzen Körper, nimm die Energie aus jedem Organ zurück und fixiere sie auf den Ort des dritten Auges. Höre unaufhörlich auf *nadam*. Hefte deine Willenskraft fest auf das Zentrum der Stirn.

6. Bleibe in diesem Zustand, bis du das Gefühl hast, keinen Körper mehr zu besitzen. Du wirst jeden Körperteil vergessen und dich identisch mit dem höchsten Bewußtsein fühlen. In diesem Zustand empfängst du höchste Intuition und bezwingende Willenskraft.

7. *Nadam* wird in diesem Zustand für immer die Unwissenheit beseitigen, und du wirst ewiges Wissen am Firmament deines Geistes aufdämmern sehen. Dies wird das dritte Auge genannt, und dieser Vorgang ist die Operation, die es öffnet.

Das ist das Ende der achtzehnten Unterrichtsstunde, die kurze Methode des Öffnens des dritten Auges. Lies die Unterweisungen und erfasse sie. Wenn dies nicht möglich ist, dann frage deinen Lehrer oder einen Kundigen auf diesem Gebiet. Hast du die Methode vollkommen verstanden, dann sei dein eigener Chirurg, der das dritte Auge öffnet.

Anmerkung: Wird deine Übung unterbrochen, laß es dich nicht bekümmern. Wiederhole den Vorgang in gleicher Weise. Nach wenigen Minuten wirst du spüren, daß du auf dem rechten Weg bist, um dein drittes Auge zu öffnen. Eine vollständige Operation dauert eine lange Zeit. Sie ist äußerst schwierig, aber nicht unmöglich. Nur du selbst bist befugt, in deinem Körper das Auge zu öffnen. Durch Ausdauer und Geduld wirst du auf die Länge der Zeit erfolgreich sein. Zur vollkommenen Beherrschung dieser Praxis sind Grundkenntnisse über Anatomie, Physiologie und Yoga-Psychologie notwendig.

19 Erwecken der Kundalini

Bevor wir zum Studium der verschiedenen unmittelbaren Methoden zum Hervorrufen des Zustandes des *samadhi* kommen, ist es wichtig, daß du das Erwecken deiner Kundalini-Shakti verstehen lernst.

Einführung. Jede Seele hat die Möglichkeit des Göttlichen und Ewigen in sich. Sie sind als Anlage in ihm, bildhaft gesprochen, im Zustand des Schlafes. Wenn die Seele erwacht, löst sie Kettenreaktionen und Handlungen aus. Deshalb heißt sie Kundalini-Shakti (zusammengerollte Energie). Die individuelle Kundalini-Shakti ist Manifestation der universalen. Daher ist sie ewig und unsterblich, wirkt aber nur zum Teil unter gewöhnlichen Umständen. Bei ausgebildeten und geschulten Menschen ist ihre Wirksamkeit gemäßigt, im Zustand des *samadhi* arbeitet sie voll Kraft und Vollendung.

Allgemeine Beschreibung. Bevor wir das Erwecken der Kundalini-Shakti (des potentiellen Selbst) studieren, müssen wir ihren Weg und dessen Verbindung mit *susumna, susumna sirsakam, susumnakand, sirobalab* und *sirobrahman* verstehen.

Der Pfad der Kundalini führt zur Wechselbeziehung und Ergänzung der verschiedenen Körpervorgänge, zur Reaktion und Anpassung des Organismus an seine Umwelt und zum bewußten, überbewußten und unterbewußten Leben. Man kann ihn als das gesamtheitliche Nervensystem ansehen. Von einem praktischen Gesichtspunkt aus wird dieser Weg in zwei Teile gegliedert: in *susumna* (das zentrale Nervensystem) und *parisariya nadi mandalam* (das periphere Nervensystem). Das zentrale Nervensystem oder *susumna* besteht aus *sirobrahman* (Großhirn) innerhalb des Schädels, aus dem *sirobalam* (Kleinhirn), der *susumna sirsakam*, dem verlängerten Rückenmark, und der *susumna kandam* (Rückgrat in der Wirbelsäule). Überall ist *susumna* ohne Unterbrechung tätig.

Das *parisariya nadi mandalam* (periphere Nervensystem) besteht aus einer Reihe von Nerven, durch die *susumna* (das zentrale Nervensystem) mit den verschiedenen Geweben des Körpers verbunden ist. Es wird in drei Gruppen eingeteilt:

1. Gehirnnerven
2. Rückenmarksnerven
3. Autonomes Nervensystem

Das gesamte Nervensystem stammt aus dem ektodermen Keimblatt. Der Vorgang der Erweckung ist folgender:

1. Bringe deinen Körper in eine bequeme Stellung.

2. Entspanne dich bis zum dritten Grad.

3. Denke an das gesamte Nervensystem, das du durch den Weg der Kundalini (das Nervensystem) magnetisieren kannst.

4. Benutze die ganze Hormonkraft, um den Kundalini-Bereich zu stärken.

5. Fühle, daß dein Körper durchpulst und voll elektromagnetischer Anziehungskraft ist.

6. Vergiß das Körpergefühl und identifiziere dich mit *brahman* (dem höchsten Bewußtsein).

7. Fühle, daß Leben und Licht aus dir strömen.

8. Fühle, daß ein großes Meer von Bewußtsein und Magnetismus in dir und um dich fließt.

9. Fühle, daß du das höchste Selbst bist.

10. Fühle, daß du die Kraft des gesamten Universums bist.

11. Nimm wahr, daß zahllose Sterne, Sonnen und Planeten in dir sind.

12. Fühle, daß du befreit und erhoben bist.

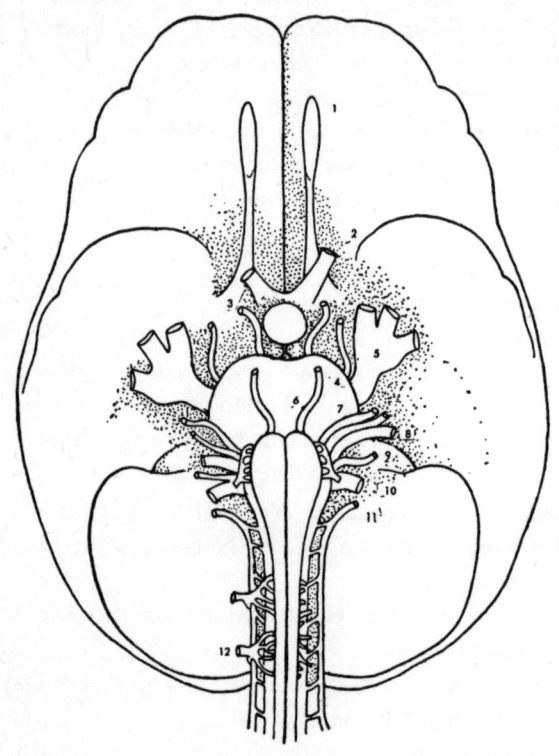

IV

GEHIRNNERVEN

1. Geruchsnerven
2. Sehnerven
3. Augennerven
4. IV. motorischer Hirn-
   nerv
5. Trigeminusnerv
6. VI. motorischer Nerv
7. Gesichtsnerv

8. Gehörnerv
9. Geschmacksnerv
10. Vagus-Nerv
11. Accessorius-Nerv,
    XI. motorischer Nerv
12. Hypoglossus-Nerv,
    XII. motorischer Nerv

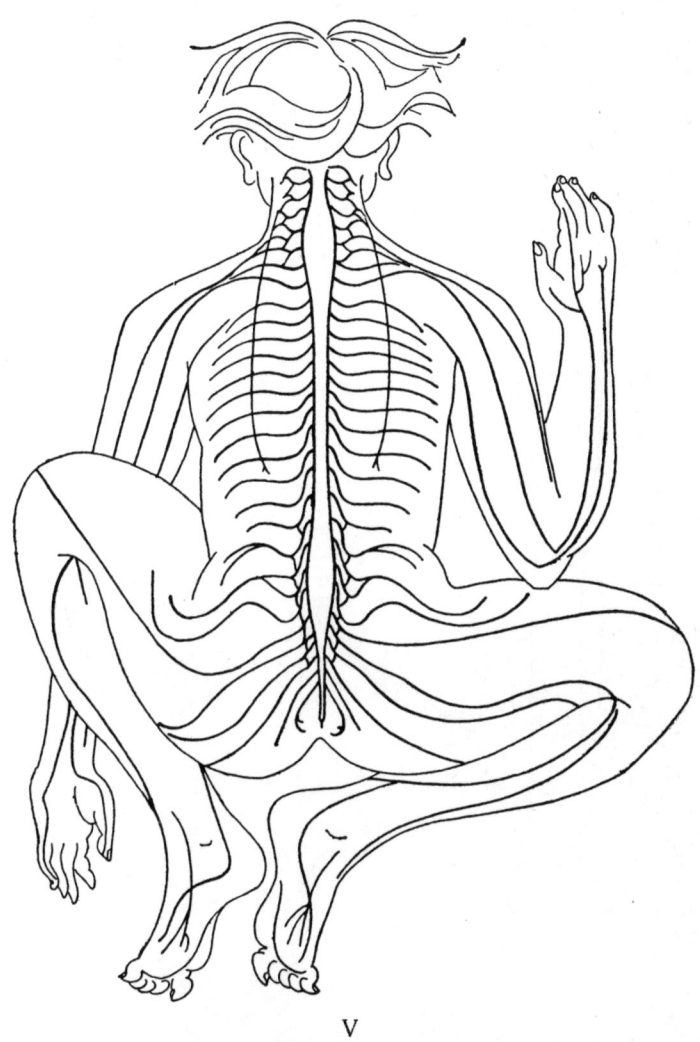

V

ZENTRALES UND PERIPHERES NERVENSYSTEM

Diese Zeichnung soll die wesentlichen Verzweigungen des Nervensystems angeben. Ein Diagramm in dieser Größe kann nicht die zahlreichen und feinen Nerven aufzeigen, die vom Rückenmark ausstrahlen. Das Nervensystem als Ganzes ist der Weg der Kundalini.

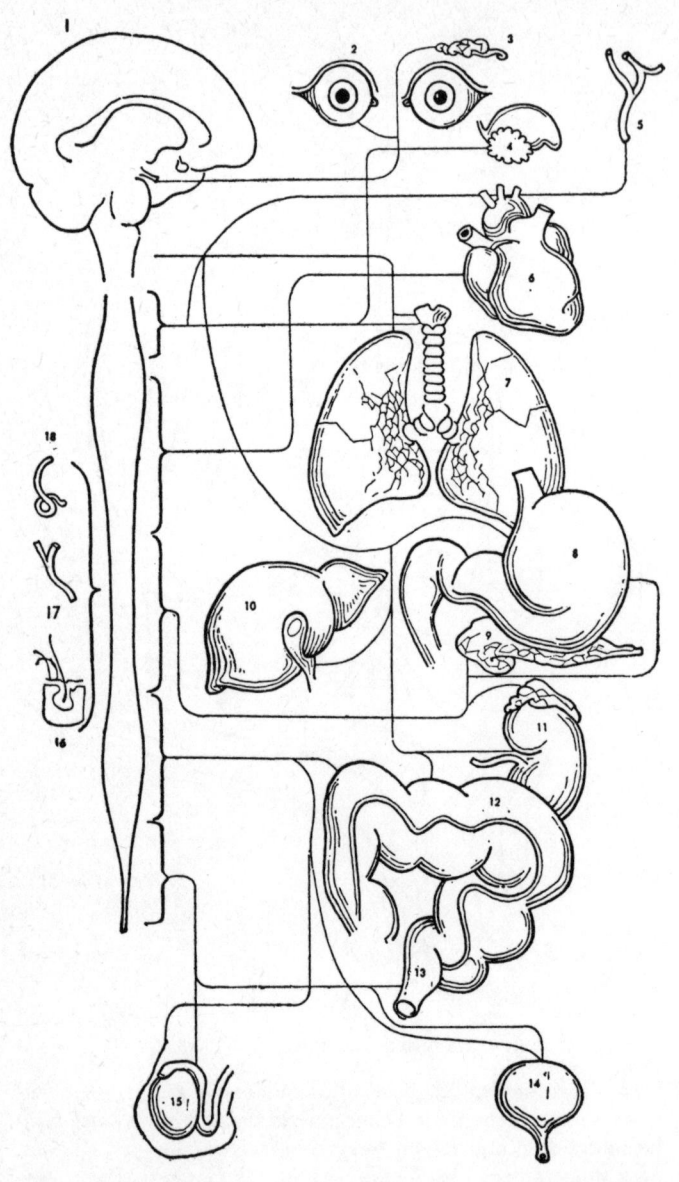

VI

DAS AUTONOME NERVENSYSTEM

UND SEINE BEZIEHUNG ZUM ZENTRALEN NERVENSYSTEM

Das zentrale Nervensystem wird als Ganzes *Susumna* genannt, das autonome Nervensystem heißt *Ida* (Parasympathikus) und *Pingala* (Sympathikus).

1. Zentrales Nervensystem
2. Augen
3. Tränendrüsen
4. Speicheldrüsen
5. Gefäße im Schädel
6. Herz
7. Kehlkopf, Luftröhre, Bronchien und Lungen
8. Magen
9. Bauchspeicheldrüse
10. Leber und Gallenblase
11. Nebenniere und Niere
12. Eingeweide
13. Dickdarm
14. Harn- und Gallenblase
15. Keimdrüsen
16. Hautdrüsen
17. Periphere Gefäße
18. Schweißdrüsen

13. Fühle dich körperlos, ohne irdische Gedanken, ohne Lust, Ärger, Haß oder Feindschaft gegen irgend jemanden.
14. Fühle, daß das gesamte Universum in dir und du in ihm bist.
15. Höre aufmerksam auf den Klang von *anahata nadam*, der überall tönt.

Wenn du lange Zeit geübt hast, fühlst du, daß du auf dem rechten Weg bist. Nach großer Bemühung wird deine Kundalini-Shakti erwachen und dein Bewußtsein vom persönlichen Bereich zum universalen Bewußtsein führen. Du wirst die höchste, unaussprechliche Freude in dir selbst erfahren. Das ganze Universum wird deine Heimat sein. Alle alten Beziehungen verändern sich. Du hast das Gefühl, zuhause zu sein und daß eine Seele in allem ist. Das kannst du nur im Geist erfahren. Zunge und Feder vermögen es nicht zu beschreiben.

Das ist das Ende der neunzehnten Unterrichtsstunde. Lies die Unterweisung. Schlage in einem Buch über Anatomie und Physiologie nach, damit du alles verstehst. Übe und prüfe es.

20 Heilung durch eigene Hormone und Beruhigungsmittel

Dieses Zeitalter ist im Bereich der Kultur das Zeitalter der Wissenschaft, im Bereich des menschlichen Lebens aber ist es das Zeitalter der Beruhigungsmittel und Hormone. Das wirkliche Prinzip ärztlicher Behandlung ist der Welt zu wenig bekannt. Man fährt weiter mit der symptomatischen Behandlung fort, und wenige suchen die Ursache der Krankheit zu entfernen. Symptome sind ein Ausdruck der Krankheit, nicht sie selbst. Die Ärzte sind beschäftigt mit der Behandlung der Krankheit, aber sie müssen lernen, den Patienten als Gesamt zu behandeln, weniger als Kranken. Täglich wird Neues in der Medizin erforscht, aber die Behandlung des Patienten hinkt weit nach. Wenn zum Beispiel ein Patient Schmerzen im Körper hat oder nicht schlafen kann, werden ihm entweder beruhigende oder hypnotisierende Drogen gegeben, um die Symptome zu erleichtern. Die Krankheitsursache aber wird meistens außer acht gelassen. Folglich werden Glieder amputiert oder Organe herausgenommen, die von Krankheit befallen sind, der Patient aber wird durch seine Schlaflosigkeit möglicherweise ein lebenslanger Insasse irgendeiner Heilanstalt. Das ist der große Nachteil moderner Therapie. Je mehr der Patient behandelt wird, um so bedenklicher wird sein Zustand.

Täglich kommen neue Hormone auf den Markt, die einen magischen Einfluß auf die Krankheit ausüben sollen. Niemand aber ist bereit, sich selbst mit Hilfe der eigenen Hormone zu behandeln. Wenn Hormone toter Tiere einen ungeheuren Einfluß ausüben und einen Patienten vorübergehend heilen können, warum können dann nicht eigene

Hormone deine körperliche oder geistige Krankheit für immer heilen? Tote Drüsen werden im Kühlschrank aufbewahrt, und aus diesen eingefrorenen Drüsen werden chemische Hormone extrahiert. Wenn du aber menschliche, d. h. deine eigenen Drüsen benutzt, solange sie noch lebendig sind, dann wird das Ergebnis viel positiver sein. Du weißt aber nicht, wie du deine Hormone im lebendigen Körper gebrauchen sollst. Die Yoga-Praxis lehrt dich, eigene Hormone und endokrine Drüsen zu verwenden, während sie noch lebendig in deinem Körper sind.

Viele Menschen sind gar nicht oder falsch unterrichtet über die Frage des Heilens, und manche berufsmäßige Heilkundige tragen noch zu dieser Verwirrung bei. Wenn du in der Heilung nur von anderen abhängig bist, dann kannst du wohl vorübergehend – bis zu einem gewissen Grad – geheilt werden, aber dein Geist degeneriert zunehmend auf der unbewußten Ebene. Wenn die Krankheit wiederkehrt, ist der Körper gegen diese Art von Heilungsprozeß abgestumpft, und der Patient ist gezwungen, nach extremeren Heilungsmethoden zu suchen. Täglich werden neue Methoden zur Behandlung der Symptome einer Krankheit gefunden, aber die wahren Ursachen vieler Erkrankungen sind, wenn überhaupt, nicht genügend erkannt. Oft liegen sie in der Persönlichkeit des Patienten. Kenntnis der Yoga-Psychologie lehrt schon in den Anfangsstadien, wie du mit deinem eigenen Arzt, der über Anatomie, Nervensystem, endokrine Drüsen etc. objektiv Bescheid weiß, zusammen arbeiten kannst. Der Arzt ist ein Lernender und hat den besten Willen. Man braucht ihn dringend, und wer seine Bemühungen und seine Hilfsbereitschaft schmälert, ist wirklich töricht. Deine seelische Entwicklung kann ihm helfen, seine Kenntnis zu deinem Vorteil produktiver einzusetzen. Das Yoga-Studium widerspricht keineswegs den Zielen des berufsmäßigen Arztes.

Yoga-Psychologie lehrt dich Heilung durch eigene Hormone, Beruhigung deiner Gedanken durch Gedankenkraft, Entnahme eigener Hormone aus den Drüsen und mit ihrer Hilfe Entwicklung von Körper, Sinnen und Gedanken. Es ist nicht leicht, aber wenn wir den Vorgängen, die uns die Yoga-Psychologie lehrt, mit ernsthafter Aufmerksamkeit folgen, können wir eines Tages durch sie Vollendung finden.

Nach dieser Psychologie ist der Gedanke die Manifestation der universalen Energie und hat als Energie zwei Funktionen: aufzubauen und zu zerstören, je nachdem, wie sie eingesetzt werden. Verwenden wir die Gedanken für höheres Denken, dann bauen wir Körper, Sinne und Geist auf. Benutzen wir sie für niederes Denken, dann zerstören wir sie.

Höhere Gedanken verwenden die endokrinen Ausscheidungen, die unaufhörlich das Blut durchlaufen, zur Bildung von *ojas sakti*. Die Essenz der hormonalen Energie wird *ojas* genannt. Es gibt zweierlei: *para ojas*, das dem Herzen Unterstützung gibt. Wenn dieses versiegt, endet das Leben. Und *apara ojas*, das unaufhörlich durch die Blutgefäße kreist, um den ganzen Körper zu ernähren und geistige wie körperliche Krankheiten zu heilen. Ist es unzureichend, entstehen geistige und körperliche Krankheiten.

Beide *ojas* werden durch beständige Denkenergie nutzbar gemacht. Durch schlechte Gedanken werden sie mißbraucht. Die Folgen zeigen sich zuerst im seelischen Bereich, dann im körperlichen, letztendlich in Form von geistigen und körperlichen Krankheiten, die mit zahllosen Symptomen auf der pathologischen Ebene auftreten.

Unsere Gedanken schaffen die geistige und körperliche Verfassung. Sie lenken unsere Persönlichkeit, unser Verhalten und unsere Existenz. Wenn man Gedanken der Rache hegt, wird Haß niemals enden. Ebenso wie der Wind einen schwachen Baum entwurzelt, so überwältigen Gedanken der Wollust, des Ärgers und materieller Begierde jene, die diesen in ihrem Bewußtsein Raum geben, und wer nur nach Vergnügen verlangt, kann die Sinne nicht beherrschen und ist maßlos im Essen, voll Trägheit und schwacher Vitalität. Der Wind kann einen Felsen nicht umblasen, ebenso kann *mara* (Wollust) diejenigen nicht umwerfen, die nicht an Vergnügen denken, sondern ihre Sinne in Zucht halten, die im Essen maßhalten, fleißig sind, Intuitionen prüfen und eine starke Lebenskraft besitzen.

Durch ein gut gebautes Haus dringt kein Regen. Ebenso dringt Leidenschaft nicht in einen nachdenklichen Menschen ein. Gedankenlosigkeit ist der Ort des Todes und der Leiden. Aufmerksamkeit ist Heilung und Ort des ewigen Lebens. Die Wachsamen sterben nicht, die Gedankenlosen sind schon tot. Weder Mutter noch Vater noch irgendein Verwandter kann so viel für uns tun wie ein gut geführter Gedanke.

Wer sich von unreinen Gedanken befreit, kann Rettung erlangen. Eine vollkommene Beseitigung unreiner Gedanken ist aber nur möglich als Folge vieler *tapasyas* (Kasteiungen). Es gibt nur einen Weg, dies zu erreichen: Sobald ein unreiner Gedanken ins Bewußtsein eintritt, muß er sofort einem reinen gegenübergestellt werden. Doch dies ist nur möglich durch die Gnade von *anahata nadam (sabda brahman)*. Diese Gnade wird durch Konzentration und Meditation auf *anahata nadam* erlangt. Es gibt keinen Fortschritt, wenn OM nur mit der Zunge wiederholt wird und das Bewußtsein mit schlechten Gedanken erfüllt ist. OM sollte mit einem solchen gesammelten Kraftaufwand wiederholt werden, daß auch der Rest, der noch auf den Lippen blieb, im Lauf der Zeit den ersten Platz in den Gedanken einnehmen wird. Dennoch sollte den Gedanken, so stark sie es auch erstreben, keine Herrschaft über ein einziges Sinnesorgan gegeben werden. Ein Mensch, der seinen Sinnen erlaubt, dorthin zu treiben, wo es den Gedanken beliebt, wird am Ende der Vernichtung zusteuern. Solange man aber die Sinnesorgane, wenn auch gewaltsam, unter Kontrolle hält, besteht die Hoffnung, eines Tages

Herr über zerstörendes Denken zu werden. Selbst ein Meister, der seine Gedanken wohl zu kontrollieren vermag, muß diese Gesetze befolgen. Der Aufstieg unreiner Gedanken darf keine Depression verursachen. Im Gegenteil sollten wir zu größerem Eifer angespornt werden. Ein falsch gerichteter Gedanke schadet uns mehr als ein äußerer Feind. Wehe einem solchen Körper, der auf Erden verachtet und seines Bewußtseins beraubt, ein nutzloses Leben führt als ein Haufen Abfall.

Zügle deine Gedanken noch während des Lebens, ehe es zu spät ist. Wer die Gedanken, die körperlos im Bewußtsein und Herzen nisten und weithin wandern, in Zucht hält, wird sich von den Fesseln des Todes und der Krankheiten befreien können. Das wahre Gesetz und die Weisheit können in einem ruhelosen Geist nicht wohnen. Aber Angst und körperliche wie geistige Krankheiten, grausam wie der Tod, können einem gut geschulten Geist nichts anhaben. Wenn ein Mensch aufmerksam ist, wenn er sich entwickelt hat, stets bewußt ist, reine Taten vollbringt und mit Bedacht handelt, wenn er sich in Schranken hält und nach dem Gesetz lebt, dann wird sein Ruhm zunehmen. Der Weise, der sich durch Wachsamkeit, Beherrschung und Kontrolle auszeichnet, schafft sich selbst eine Insel, die von den mächtigen Meereswellen nicht überschwemmt werden kann. Indra wurde durch Wachsamkeit der Gedanken zum Herrn der Götter. Zu allen Zeiten preisen die Weisen die Wachsamkeit der Gedanken. Gedankenlosigkeit wird überall als Tod verurteilt.

Heilungs-Vorgang:
1. Bringe deinen Körper in eine bequeme Stellung.
2. Entspanne deinen Körper.
3. Sende starkes *samyamah*, um ungünstige geistige und körperliche Einflüsse fernzuhalten.
4. Denke, daß sie von deinem Körper und Bewußtsein ausgehen.

5. Denke dir, daß dein Körper und Geist jetzt frei von Begierden sind.

6. Vergiß jetzt den ganzen Körper und identifiziere dich mit dem höchsten Bewußtsein. Nach einigen Tagen Praxis wirst du kein Körpergefühl mehr empfinden. Anstelle deines Körpers hast du eine kleine elektromagnetische Station voll von Schwingungen.

7. Verharre in diesem Zustand und denke, daß alle geistigen und körperlichen Krankheiten geheilt sind. Fühle es, und es wird tatsächlich eintreten.

8. Wiederhole diesen Vorgang bei Sonnenlicht und fühle, daß Licht und Leben der Sonne unaufhörlich alle Planeten ebenso wie dich ernähren.

9. Fühle die Reaktion des Sonnenlichtes durch deinen Körper fließen.

10. Fühle jetzt die Hitze des Körpers: Das gesamte Sonnengeflecht ist mit Licht und Leben erfüllt.

11. Fühle, daß du die Sonne bist und Licht und Leben jedem Planeten spendest.

12. Verharre einige Minuten lang in diesem Zustand, und du wirst bemerken, daß dein Körper mit Schweiß bedeckt ist und alle Krankheiten von den Sonnenstrahlen geheilt werden.

13. Wiederhole diesen Vorgang im Wasser, wenn du Gelegenheit zum Schwimmen oder Baden hast.

14. Wiederhole ihn auch beim Duschen.

15. Stelle dir viele Situationen vor, die deinem Fortschritt entsprechen und wiederhole diesen Vorgang.

Dies ist das Ende der zwanzigsten Unterrichtsstunde. Lies die Anweisungen. Sieh anatomische und physiologische Darstellungen nach, um dich mit der Lage und Funktion der endokrinen Drüsen, des Nervensystems und der Organe vertraut zu machen. Studiere und übe. Halte deine hormonalen Ausscheidungen zurück. Entwickle *ojas*, und heile dich durch dich selbst. Du wirst der beste Arzt sein, um dein geistiges und körperliches Befinden zu diagnostizieren und ihm volle Behandlung angedeihen zu lassen.

Prüfe dein Bewußtsein und deine Gedanken unablässig, und führe sie aus der Dunkelheit zum Licht, aus Leiden zum Leben, vom Tod zur Unsterblichkeit, von der Unwirklichkeit zur Wirklichkeit. Schließlich wirst du dein eigener Arzt.

21 Herz und Bewußtsein

Einführung

1. Physisches Herz und Bewußtsein sind aufeinander bezogen.
2. In gleicher Weise stehen geistiges Herz und Bewußtsein in gegenseitiger Beziehung.

Bei physiologischer Betrachtung der Sinnes-Empfindungen und der willkürlichen Muskel-Bewegungen ist es von äußerster Wichtigkeit, die wahre Natur des Bewußtseins zu verstehen. Die Physiologen aber sind weit davon entfernt. Im akademischen Sinn gehört das Körper-Bewußtsein zu Biologie und Psychologie, aber es wird über jeden Zweifel klar, daß es keine harte und feste Grenze zwischen den Gebieten der Physiologie, Biologie und Psychologie gibt.

Das biologische oder physische Bewußtsein **wird als** ein Gewahrsein der Existenz des Ichs und der Außenwelt definiert, und es ist deutlich bewiesen, daß es im Menschen von einem Oxydierungs-Vorgang abhängt, der im Großhirn stattfindet. Wie wir wissen, hören die Nervenzellen ohne solche chemischen Prozesse auf zu funktionieren und sterben. Leben und Bewußtsein sind abhängig vom Herzen. Wenn das Herz nicht mehr schlägt, hören Lebens- und Bewußtseins-Funktionen auf, und der Tod wird festgestellt.

Das Bewußtsein steht in Wechselbeziehung mit der Aktivität der Nervenzellen des Gehirns, und wir können gewisse Stromimpulse wahrnehmen, die das Großhirn durchlaufen, vorausgesetzt, daß diese im Wach- oder Schlafzustand genügend stark sind. Treten sie im Schlaf auf, dann entsteht ein Traum, der nicht zum Wachzustand gehört.

Der Zustand des Bewußtseins ist im Tierreich unterschiedlich entwickelt. Allein im Menschen hat er eine Entwicklungsstufe erreicht, die ihm die Möglichkeit gibt, gedankliche Begriffe zu bilden, von denen die psychologischen die wichtigsten sind.

Die Entwicklung des Bewußtseins ist noch nicht abgeschlossen. Biologisches Herz und Bewußtsein sind ihrer Natur nach physisch und hängen von dem metaphysischen Herzen und Bewußtsein ab. In Wirklichkeit wird das Bewußtsein nicht hervorgerufen, sondern offenbart sich, und dieses hängt von der Entwicklung des Nervensystems ab. Das menschliche Bewußtsein ist durch das Nervensystem hoch entwickelt, aber es durchdringt, entsprechend den Veränderungen des Nervensystems und des Blutes, verschiedene Zustände wie Wachen, Träumen und Tiefschlaf.

Wenn das Nervensystem durch Konzentrationsübungen vollständig entwickelt ist, wird das Bewußtsein in seiner ganzen Natur offenbar, und man fühlt sein ewiges Sein, seine ewige Glückseligkeit. Dieses Bewußtsein ist nicht abhängig vom Großhirn. Das biologische Bewußtsein hängt von folgenden Faktoren ab:

1. Physische Unversehrtheit des Gehirns
2. Sauerstoff-Zufuhr zum Gehirn
3. Blut-Zufuhr zum Gehirn
4. Reinheit von Körper und Sinnen

Wenn diese Bedingungen nicht erfüllt sind, wird das Bewußtsein auf verschiedene Ebenen herabgesetzt. Schlaf, Müdigkeit und Gifte rufen Veränderungen im Bewußtsein hervor. Hier aber mußt du dich nicht mit dem physischen Herzen oder Bewußtsein beschäftigen. Dein Hauptziel ist das Erreichen des geistigen Herzens und Bewußtseins durch die physischen.

Technik:

1. Nimm eine bequeme Stellung ein.
2. Entspanne deinen ganzen Körper.
3. Fühle den Schlag deines Herzens in der Brust.
4. Halte deinen Atem an.
5. Im Augenblick fühlst du, daß Schlag und Kraft des Herzens sich verstärken.
6. Mit jedem Schlag sendet das Herz Energie in jeden Körperteil. Fühle dies.
7. Mit verstärktem Schlag und Grad der Herztätigkeit wird Energie in elektromagnetische Schwingung verwandelt und der ganze Körper damit erfüllt. Erlebe dies.
8. Jetzt ist der gesamte Körper magnetisiert, und geistiges Herz und Bewußtsein sind in dir völlig manifest. Erlebe dies.
9. Der ganze Körper wird zum Herzen des Universums, und du spürst, daß er wie ein einziges Herz schlägt.
10. Allmählich vergißt du die Gefühle des physischen Körpers und identifizierst dich vollständig mit dem höchsten Bewußtsein.
11. Jetzt weißt du, daß dein Bewußtsein niemals Produkt deines Körpers ist, sondern sich in ihm manifestiert.
12. Fühle, daß dein Körper eine Offenbarung des Bewußtseins ist, du aber in Wirklichkeit überall bist.
13. Fühle, daß dieser Körper nicht der Mittelpunkt deines Körpers ist. Du kannst durch jeden Körper hindurch wirken. Nach langer Praxis spürst du dies.
14. Fühle, daß du dieses Bewußtsein bist, und du bist frei.
15. Fühle, daß es ewig und unsterblich ist, und du wirst unvergängliches Wissen, Frieden, Seligkeit und Freude haben.

Dies ist das Ende der einundzwanzigsten Unterrichtsstunde. Lies die Anweisungen. Orientiere dich an einer anatomischen und physiologischen Darstellung, um Herz,

Blutgefäße und Nervensystem zu verstehen. Dann wird dein Wissen um die Konzentration zunehmen. Führe deine täglichen Übungen aus, die sich mit Hilfe des physischen Herzens und Bewußtseins auf das geistige Herz und Bewußtsein richten. Nach einigen Monaten Praxis wirst du mehr von den heilsamen körperlichen Veränderungen in dir selbst wahrnehmen.

22 Beherrschung der Vitarkas

Die Denkvorgänge, die negativ und zerstörend auf unsere Persönlichkeit, auf die Sinne, auf Körper und Geist einwirken, werden *vitarkas* genannt. Durch Logik, Philosophie, Ethik, Moral, in sozialem wie rechtlichem Sinn verstehen wir diese falschen Gedankenwellen und erkennen, daß sie verheerend auf unsere Existenz einwirken. Dennoch fühlen wir uns durch ihren mächtigen hypnotischen Einfluß und ihre Kraft gezwungen, ihnen Folge zu leisten. Dies nennen wir unser eigenes Verhalten gegenüber unserer wirklichen Existenz und Persönlichkeit. Diese grausamen Gedankenwellen heißen *vitarkas* (*vi*, gegen; *tarka*, Vernunft, Bewußtsein, Logik, Regel, Philosophie, Verstand), weil sie gegen unsere Vernunft, Regeln, Logik, Philosophie und gegen unser Leben gerichtet sind.

Von einem praktischen Gesichtspunkt aus werden sie in zehn Gruppen zusammengefaßt:

1. Anderen Schaden zufügen
2. Unwahrheit, Vorurteil
3. Diebstahl
4. Unkeuschheit
5. Horten von Geld zur Selbstbefriedigung
6. Unreinheit von Körper, Gedanken und Sinnen
7. Unzufriedenheit
8. Selbstsucht
9. Trägheit und Unterbrechung im Studium
10. Mangelnder Wunsch, nach Weisheit und Intuition zu handeln

Diese zehn Gruppen werden hier aufgeführt, aber sie können beliebig erweitert werden.

Du hast zur Beherrschung der *vitarkas* zwei göttliche Kräfte in dir: *yama* und *niyama*. Viele unserer Schüler und Freunde sind bei diesen Yoga-Vorlesungen und Kursen anwesend, um entweder Yoga-Psychologie als Liebhaberei oder zur Erfüllung ihrer Sehnsucht kennenzulernen. Sie haben keine ernsthafte Absicht, wirkliche Yogis zu werden. Sie glauben aber, daß sie ein anziehender Mittelpunkt auf Gesellschaften oder unter Freunden sind, wenn sie übernatürliche Kräfte zur Schau stellen. Viele moderne sogenannte Yogis helfen ihnen durch Anzeigen, Verbindungen und Zeitungen. Auch berichten Schüler und Yoga-Begeisterte ihren Freunden von erstaunlichen Erfolgen. Viele westliche Städte und Ortschaften sind erfüllt von diesen Wundern. Wie viele aber dieser Menschen wünschen ernsthaft, ihr Bewußtsein und ihre Gedankenwellen zum Guten hin zu beherrschen? Dies wäre zu prüfen.

Yama bedeutet eine ernsthafte Absicht, die Gedanken zu kontrollieren. Im allgemeinen will dies jeder in oberflächlicher Weise tun, um nach Möglichkeit ungewöhnliche Kräfte zu erwerben. Aber in ihren inneren Gedanken machen sie den *vitarkas* dauernd Zugeständnisse. Wenn sie sich innerlich entscheiden, solche Wellen zu beherrschen, wird dies *yama* genannt: Beherrschung. *Yama* wird durch Einhalten der folgenden fünf Stufen erreicht:

1. *Ahimsa:* Anderen keinen Schaden zufügen durch Körper, Wort und Gedanken.
2. *Satyam:* Versprechen, der Wahrheit zu folgen und der Unwahrheit in seinem Leben zu entsagen.
3. *Asteyam:* Nicht stehlen.
4. Entsagung: Beherrschung der hormonalen Kräfte, um Körper, Sinne und Gedanken durch die Entwicklung von *ojas* zu stärken.
5. *Aparigraha:* Kein Anhäufen von Geld; als Verwalter des eigenen Besitzes arbeiten. Zehn Prozent unseres Verdienstes gehört anderen. Wenn wir zehn Prozent

verschenken, ist es gut, und doch schenken wir damit gar nichts, weil es den anderen gehört. Geben wir mehr als zehn Prozent, dann dienen wir erst wirklich der Welt. Wenn wir *aparigraha* richtig ausführen, gäbe es keinen Kommunismus zu fürchten. Ein Yoga-Schüler muß sich entschließen, dem Weg des Yoga zu folgen.

Diese fünf *yamas* ermöglichen dem Schüler, die ersten fünf *vitarkas* zu kontrollieren. Selbst wenn wir die ernsthafte Absicht haben, unsere Gedanken zu beherrschen, hilft uns dies nicht, wenn die *yamas* nicht zu unserer täglichen Übung gehören. Wir müssen sie mit allem Ernst ausführen.

Die folgenden *niyamas* werden hierbei helfen:

1. Reinheit des Körpers, der Sinne und des Herzens
2. Zufriedenheit
3. *Tapasya*, Einfachheit
4. *Svadhyaya*, Studium der Yoga-Psychologie und -Philosophie
5. Verwandlung des Körpers in ein würdiges Werkzeug; Hingabe an Weisheit, Intuition und Bewußtsein

Niyama bedeutet Vorschriften beachten; seine Absichten oder yamas wirklich ausführen. Die fünf *niyamas* befähigen den Schüler, die letzten fünf *vitarkas* zu beherrschen.

Du kannst für jedes *vitarka*, das du besitzt, ein entgegengesetztes hervorbringen und dein Leben zum Erfolg führen.

Es gibt noch fünf andere Methoden, um die Gedankenwellen zu beherrschen:

1. Analyse jedes Problems und Suche nach einer richtigen Lösung (bei Gewohnheiten kommt dies nicht immer zustande).
2. Neutralität. Beobachte deine Gedanken als Zeuge, nicht als Handelnder. Arbeite nicht als ihr Vertreter, sondern kontrolliere alle Gedankenwellen.
3. Verbringe dein Leben nicht in Trägheit.

4. *Bhavasamadhi.* Vergiß Körper und materielle Gedanken, identifiziere dich mit dem höchsten Bewußtsein.
5. *Brahmi-sthiti:* »Ich bin *brahman.* Das ganze Universum ist *brahman. Vitarkas* sind für mich bedeutungslos.«

Du wirst den Weg aussuchen, der für dich am geeignetsten ist. Dies ist das Ende der zweiundzwanzigsten Unterrichtsstunde. Lies die Unterweisungen, verstehe sie. Erweitere sie durch deine Erklärungen. Suche andere Methoden. Beachte sie und mache dein Leben erfolgreich. Ohne Praxis von *yama* und *niyama* ist Vollendung unmöglich. Übe sie, um deine *vitarkas* zu beherrschen.

23 Die fünf großen Kernsprüche

Dies sind die fünf großen Kernsprüche der Veden, um die Gedanken aus dieser Welt der Namen und Formen zur Vollendung zu führen.

1. *Tatvamasi:* Das bist du.
2. *Aham Brahmasmi:* Ich bin *brahman.*
3. *Ayamatma Brahman:* Dieses Selbst ist *brahman.*
4. *Prajnanam Brahman:* Bewußtsein ist *brahman.*
5. *Satcidanandam Brahman:* Ewiges Sein, ewiges Bewußtsein, ewiger Frieden ist *brahman.*

1. *Tatvamasi.* Der Körper besteht aus zwei Substanzen: Natur und Bewußtsein oder Materie und Geist. Die natürlichen Elemente des Körpers sind die gleichen wie die des Universums, und das Bewußtsein des Körpers ist das gleiche wie das des Universums. Deshalb bedeutet »Das bist du«, daß ein Bewußtsein nicht individuell, sondern universal ist. Da universales Bewußtsein und Natur ewig sind, sind auch dein Bewußtsein und die natürlichen Elemente ewig. Die Hauptbetonung liegt auf Bewußtsein, da es der Führer der natürlichen Elemente ist. Wenn du in tiefere Konzentration versinkst, findest du dich angesichts des Dualismus. Das heißt, du fühlst dich im Zustand der tiefen Konzentration mit dem höchsten Bewußtsein identisch. »Du bist das.« Wenn du aber diesen Zustand verläßt, hast du noch ein individuelles Bewußtsein, das dir sagt:»Du bist das.« Welches von beiden ist die letzte Wirklichkeit? Bei diesem Zweifel weist »Du bist das« auf eine meditative Erfahrung hin, ist deshalb die letzte und ewige Wahrheit. Denn jede höhere Erfahrung verurteilt die niedere als Unwirklichkeit.

2. *Aham Brahmasmi.* (Hier wird der Ausdruck »Ich« nicht in einem persönlichen Sinn angewendet, sondern ist unpersönliches und universales Ich). In diesem tieferen Zustand des *samadhi* erhebt sich ein großes Meer von Bewußtsein, wenn der Meditierende sein Körpergefühl vergißt und sich mit diesem ewigen Meer des Bewußtseins identifiziert. Nun fühlt er: »Ich bin *brahman*.« Dieser geistige Zustand, der durch Konzentration auf *anahata nadam* entzündet wird, zerstört nach völliger Entspannung seine Unwissenheit und seinen Zweifel über das universale Bewußtsein. Zur Erlangung dieses Zustandes sind starke geistige Suggestionen auszuführen: »Ich bin *brahman*.« Wiederhole das, bis du identisch bist mit dem höchsten Bewußtsein. Nach beharrlicher Übung wird es dir erfolgreich gelingen.

3. *Ayamatma Brahman.* Nach einigen Jahren echter Praxis empfindest du, daß dein Selbst tatsächlich Teil des höchsten Selbst ist, des Einen ohne Zweites. Du fühlst: »Dieses Selbst ist *brahman*. Dieses ganze Universum ist *brahman*.«

4. *Prajnanam Brahman.* Je weiter die Konzentration fortgesetzt ist, um so mehr sind Bewußtsein, Frieden, Seligkeit und Sein entwickelt. Endlich wirst du empfinden, daß Intuition und Bewußtsein, die immer bei dir sind und dir beständig das Urteil sprechen über jede gute und böse Tat, in dir verherrlicht werden. Jetzt besteht nicht mehr der geringste Unterschied zwischen Wissen und Selbst. Du wirst erkennen: »Bewußtsein ist *brahman*.«

5. *Satcidanandam Brahman.* Persönlichkeit hängt von folgenden drei Faktoren ab:

a. Existenz
b. Verständnis und Wissen
c. Frieden und Seligkeit

Kein Lebewesen kann ohne diese Faktoren existieren. Die Persönlichkeit entwickelt sich mit dem Wachstum dieser drei und schwindet mit ihrer Abschwächung. Wenn man zum Beispiel etwas falsch oder schlecht macht, gefährdet man seine Existenz und sein Verständnis. Das Wissen wird schwach, Frieden und Seligkeit sind in Gefahr, ausgelöscht zu werden. Deshalb bilden Existenz, Wissen und Frieden die Persönlichkeit. Bedingte Existenz, Wissen und Frieden bilden eine bedingte, abhängige oder individuelle Persönlichkeit. Andererseits bilden unabhängige Existenz, Wissen und Frieden eine unabhängige Persönlichkeit. Bei fortgeschrittener Meditation werden bedingte Existenz, bedingtes Wissen und bedingter Frieden in unbedingte ewige Existenz, Wissen und Frieden verwandelt.

Im tiefsten Zustand des *samadhi* versinkt das gesamte Universum in ein unmeßbares Meer von Bewußtsein und Magnetismus. Der Meditierende erfährt unmittelbar die Identität mit dem Meer des ewigen Bewußtseins, Wissens und der ewigen Existenz. Dies ist der höchste Zustand des *param purusa* mit *param sakti* (höchstes Bewußtsein mit höchster Energie und Natur), der Zustand von *jivam mukta*, in dem der Meditierende die Befreiung erlangt.

Methoden:

1. Bringe deinen Körper in eine bequeme Stellung.
2. Entspanne deinen ganzen Körper.
3. Übe das Anhalten des Atems.
4. Vollziehe in Gedanken energisch die fünf Kernsprüche.
5. Wiederhole die Kernsätze nacheinander, aber nicht alle zur gleichen Zeit. Zu Beginn braucht jeder Satz eine Übung für sich.
6. Fühle die elektromagnetischen Schwingungen in deinem gesamten Körper und der ganzen Atmosphäre.
7. Fühle, daß das Bewußtsein in deinem Körper das Bewußtsein des Universums ist, und fühle, daß Leben ein elektrisches Phänomen ist.
8. Fühle, daß die natürlichen Elemente deines Körpers die natürlichen Elemente der universalen Natur sind.

9. Fühle das große Meer des Bewußtseins und Magnetismus in dir und um dich fließen.
10. Fühle, daß dein Körper vollständig magnetisiert und der Übermittler und Empfänger deines Bewußtseins ist. Du bist durch deinen Körper nicht begrenzt.
11. Fühle, daß du überall bist.
12. Fühle, daß zahllose Sonnen, Monde, Sterne und Planeten in dir sind. Sie kommen und gehen, du aber bist das unveränderliche, ewige Prinzip.
13. Konzentriere deine ganze Energie auf *anahata nadam* und fühle ewiges Bewußtsein, Existenz, Frieden, Glück und Seligkeit überall.
14. Wünsche Wohlergehen und Glück für alle.
15. Denke und fühle, daß das gesamte Universum in dir ist und du in ihm.
16. Identifiziere dich mit ewiger Existenz, ewigem Bewußtsein und ewigem Frieden.

Dies ist das Ende der einundzwanzigsten Unterrichtsstunde. Lies die Anweisungen. Erweitere sie mit deinen Überlegungen. Konzentriere dich auf *sabda brahman* (*anahata nadam*). Vergiß deinen Körper und identifiziere dich mit *brahman* durch diese fünf großen Suggestionen. Wenn du den Zustand ewigen Bewußtseins, ewiger Existenz und ewigen Friedens und Glücks durch *samadhi* erlangt hast, wirst du Freiheit und Nirvana finden.

24 Asanas – Stellungen – Körperdisziplin

Körper und Geist hängen voneinander ab. Der Geist kann nicht arbeiten, wenn der Körper unter physischen Krankheiten leidet, und der Körper ist bei geistigen Erkrankungen nicht normal. Die Yoga-Psychologie erkennt die Wichtigkeit beider an. Sie schreibt Übungen für Körper und Geist vor, damit sich beide in psychophysischem Gleichgewicht entwickeln können. Sie sollten vollständig zusammenwirken, um das universale Bewußtsein zu manifestieren, und sollten aufhören, das Selbst zu versklaven. Durch das Üben der Stellungen wird das Bewußtsein frei von Bindung und Schwäche und erfährt eine unbeschränkte Existenz und unendliche Seligkeit. Der Körper hat so viel Würde wie der Geist. Bewußtsein manifestiert sich entsprechend der Entwicklung von Körper und Geist. Der Körper ist der Schatten des Geistes.

Asana oder Stellung ist eine körperliche Hilfe zur Konzentration. Im Schlaf oder bei Erregungen ist Meditation unmöglich. Es gibt unzählige Stellungen, die nicht alle zu beschreiben sind. Ich möchte hier den Anfänger durch Beschreibung der wichtigsten Stellungen überzeugen. Dann überlasse ich ihm die eigene Entscheidung. Er kann die Stellung aussuchen, die er braucht. Nicht jedem kann die gleiche Stellung angeraten werden. Sie ist auch nicht immer für den gleichen Menschen zu jeder Zeit geeignet. Darum übe so viele Stellungen wie möglich. Sie müssen folgende Eigenschaften besitzen:

1. Eine Stellung soll Körper und Geist entspannen.
2. Sie soll Körper und Geist Kraft geben.
3. Sie soll alle Lasten, Ängste und Krankheiten beseitigen.

VII

MEDITATIONS-STELLUNG

Padmasana (Lotusstellung)

Gibt vollständige Entspannung und Gleichgewicht.
Sorgt für größere Blutzufuhr im Beckenbereich, gut für Steiß-
bein und sakrale Nerven.
Ermöglicht dem Yogi, die Muskeln des Bauches zusammenzuzie-
hen und zu bewegen.

147

4. Mit Hilfe der Stellung soll der Mensch sein Körpergefühl vergessen können, damit sich das Bewußtsein mit dem höchsten Bewußtsein identifizieren kann.

5. Eine Stellung soll zur Bildung und Heilung des Menschen beitragen.

6. Sie soll nicht unterbrochen werden, soll dem Körper Festigkeit geben und leicht sein. Schmerzvolle Stellungen sind für die Konzentration nicht zu verwenden.

Zieh Bücher oder einen Fachmann in Hatha-Yoga zu Rate und übe nach und nach schwierigere Stellungen. Für die Konzentration aber suche einfache aus.

Durch die Praxis der Stellungen wird der Körper von animalischer Haltlosigkeit zu göttlicher Stärke geführt.

Sei vorsichtig in der Wahl der Nahrung, die du zu dir nimmst. Iß und trinke nichts, was im Körper Krankheiten hervorrufen, ihn träge machen, die Nerven reizen und die Sinne erregen kann. Niedere Begierden versuchen stets die höheren und die wahre Freude des Geistes zu unterbinden. Körperliche Notwendigkeiten müssen der Entwicklung des Denkens, der Sittlichkeit und des Geistes unterstellt werden.

Die späteren Yoga-Stufen verlangen starke körperliche Kraft und Ausdauer. Wenn der Körper nicht durch die Stellungen geschult ist, kann *samadhi* nicht erlangt werden. Ein anstrengendes Leben beansprucht das irdische Gefäß des Körpers bis zum Zerbrechen. Deshalb muß der Körper durch Zucht und Übungen unter vollkommene Kontrolle gebracht werden.

Hatha-Yoga schult den Geist, damit er das Werkzeug des Körpers schärft, um dessen üble Verfassung zu beseitigen. Es schult ihn, Müdigkeit zu überwinden und seine Neigung zu Verfall und Altersschwäche zu hemmen. Ziel des Yoga ist die Beherrschung des Körpers, nicht die Abtötung, wie einige Mönche lehren.

Vollkommenheit des Körpers besteht in Schönheit, Anmut, Stärke und diamantener Härte.

Für die Konzentration bedarf es keiner schwierigen Stellungen. Wähle zu Beginn eine leichte, und füge dann täglich zehn Minuten schwerer Hatha-Yoga-Stellungen hinzu. Du wirst in wenigen Monaten fähig sein, alle Stellungen einzunehmen, die berufliche Yogis vorführen. Achte darauf, daß die Stellungen ein Hilfsmittel für Yoga und Konzentration sind, nicht aber das Ziel von Yoga.

Manche Menschen halten mißverständlicherweise Stellungen für Yoga und Philosophie. Ein Mann fragte seine Frau, was Yoga bedeute. Sie antwortete: »Kopf runter, Beine hoch und Gemüse essen, das wird Yoga genannt.« Sie sprach von den Yoga-Stellungen, nicht aber von dem wahren Yoga. Manche Menschen meinen, Yoga bedeute Yoghurt.

Als vor kurzem ein Kritiker indischer Kultur seinen Lesern versicherte, indische Philosophen seien der Meinung, daß die Betrachtung des eigenen Nabels im Türkensitz der beste Weg sei, um in die Tiefen des Universums einzudringen, dann dachte der Kritiker sicher an Stellungen des Hatha-Yoga, die er in Hotels und bei Vorlesungen in westlichen Ländern gesehen hatte. Das Ziel der *asanas* ist die Schulung von Körper und Gedanken zur geistigen Vollendung, nicht die reine Übung an sich. 99 % der Bücher, die über dieses Thema geschrieben wurden, stammen von Menschen ohne Erfahrung.

Jede Stellung sollte dir geistigen Aufschwung und deinem Körper elektromagnetische Schwingungen geben. Ich überlasse es dir, verschiedene Körperteile zu entspannen und verschiedene Stellungen auszusuchen, durch die du bald Magnetismus wahrnehmen und *yoganidra* in deinem Körper hervorrufen kannst.

Dies ist das Ende der vierundzwanzigsten Unterrichtsstunde. Lies die Anweisungen, frage einen Fachmann für Hatha-Yoga um Rat. Suche dir die richtigen Bücher über dieses Thema. Übe schrittweise, dann wirst du fähig sein, alle Stellungen auszuführen, die zu Hatha-Yoga gehören.

VIII

Sarvangasana (Schulterstand)

Regt die Schilddrüse an und verbessert die Gesundheit des ganzen Körpers.

Hilft bei altersbedingten Degenerationserscheinungen der weiblichen und männlichen Geschlechtsdrüsen, Gebärmuttersenkung etc.

Hilft bei Verdauungsstörungen, Verstopfungen, Brüchen; ist gut für die inneren Organe des Unterleibs.

Sirsasana (Kopfstand)

Verstärkt die Blutzufuhr zu Gehirn, Zirbeldrüse und zur Hypophyse.

Nützlich für Herz und Verdauungsapparat,
stärkt das Nervensystem,
hilft bei Kopfweh, Schwindel und Arteriosklerose,
verbessert Intelligenz und Gedächtnis,
wirkt bei Degeneration der Nervenzentren,
nützt Leber, Milz, bei Degeneration der Geschlechtsorgane,
Bruch und Eingeweiden,
lindert asthmatische Beschwerden.

IX

Stellung für Meditation und völlige Entspannung

Savasana (Stellung des Toten)

Entspannung von Körper und Geist,
Beruhigung und Erhaltung von Nerven und Muskeln,
Blutkreislauf der Venen zum Herzen, Beseitigung von Müdig-
keit,
Verminderung des hohen Blutdrucks,
Erleichterung nervöser Zustände.

Mayurasana (Pfauenstellung, oben)

Ellenbogen in Bauch und Leber gedrückt, verstärkt die Blutzufuhr,

beseitigt Krankheiten der Brust und des Bauches,

entfernt Bauchfett, Hämorrhoiden und Verstopfung,

hilft der Darmentleerung,

bringt dem Körper vollkommenes Gleichgewicht.

Halasana (Pflugstellung, unten)

Heilung von Krankheiten der Gelenke,

vermindert Bauch- und Brustfett, stärkt die Muskeln,

macht die Wirbelsäule elastisch,

unterstützt die aufrechte Stellung,

regt auch Schilddrüse und die Gesundheit des ganzen Körpers an.

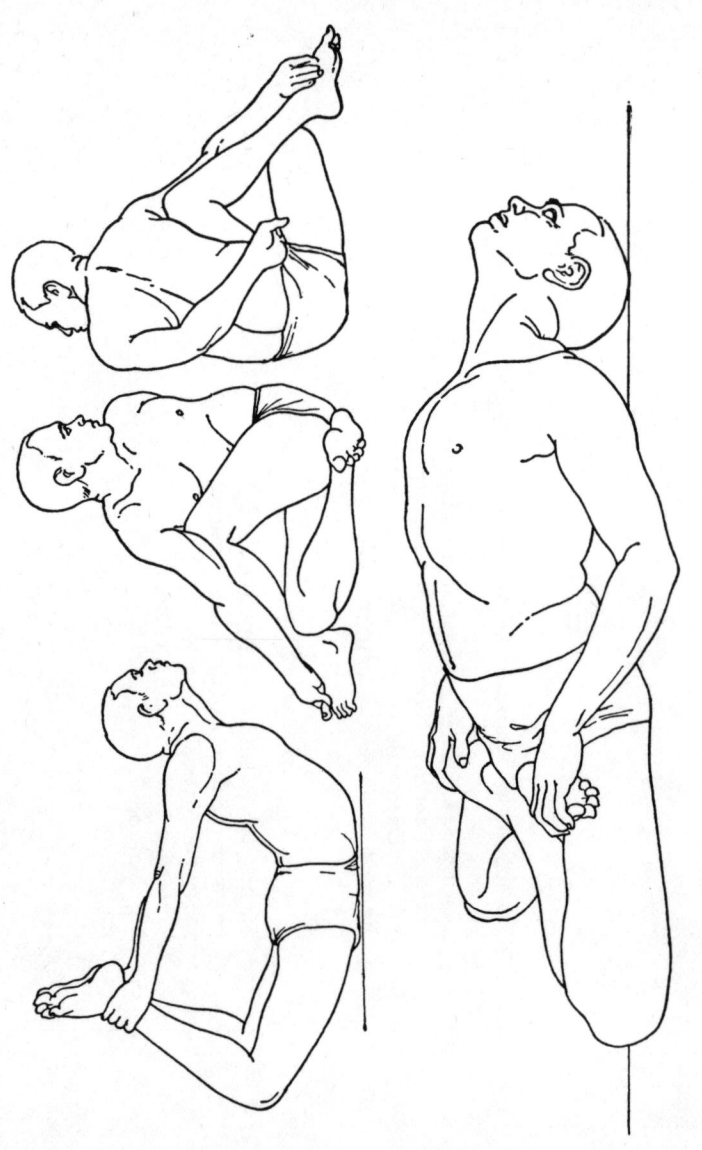

ASANAS

Dhanurasana (Beugestellung, links oben)

Dehnt die Muskeln von Bauch und Hüften,
korrigiert die Neigung zu Rückgratsverkrümmungen,
lindert Blähungen,
verringert Bauchfett.

Ardha-matsyendrasana (Drehbewegung, rechts oben)

Drehung des Rückgrats nach beiden Seiten,
nützlich für Wirbelsäule und Sympathikus,
Massage der Schulter- und Bauchmuskeln
Erleichterung bei Verstopfung und Magenkrankheiten,
gut für Leber, Milz und Nieren.

Matsyasana (Fischstellung, unten)

Nützlich für Rücken, Hals und Brust.
Diese Stellung ermöglicht langes Schwimmen im Wasser,
Verhindert die Degeneration der Geschlechtsorgane und des
Bauches.

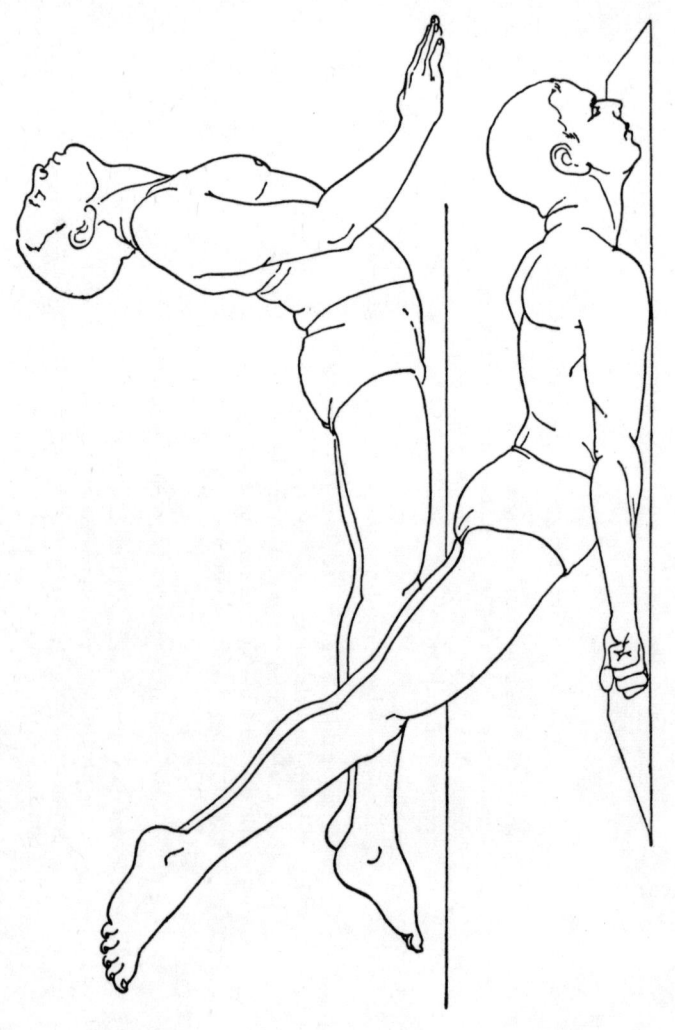

XII

Bhujamgasana (Kobrastellung, oben)

Stärkt Rücken und Bauchmuskeln,
korrigiert Anlagen zu Verlagerungen im Rückgrat,
nützlich für Wirbelsäule, Parasympatikus und Sympatikus.
Hilfe für Verdauungsstörung und Blähungen.

Salabhasana (Heuschreckenstellung, unten)

Nützlich für Becken und Bauch,
Stärkung der Rückenmuskeln,
gut für Kreislauf in den Beinen.

25 Prana und Pranayama

Allgemeine Beschreibung: Das gesamte manifestierte Universum besteht aus zwei Stoffen:

1. Prana (Urenergie)
2. *Akasa* (ursprüngliche Natur)

Beide sind allgegenwärtig, allmächtig und allesdurchdringend in ihrem Sein. Durch die Energie von *prana* wird *akasa* im Weltall manifestiert. Alles, was offenbar ist – mit oder ohne Form, mit oder ohne Namen – ist *akasa*. Luft, flüssige und feste Körper, Sonne, Erde, Mond, organische und unorganische Stoffe sind Manifestationen von *akasa*. Es ist so feinstofflich, daß es nicht von physischen Sinnen wahrgenommen werden kann. Nur wenn es grobstoffliche Formen annimmt, wird dies möglich. Im Anfang der Manifestation werden Luft, Licht, flüssige und feste Formen der Materie aus *akasa* entnommen. Am Ende eines Zyklus gehen sie wieder in *akasa* ein. So verläuft ununterbrochen der Kreislauf von und zu *akasa*.

Wie jede materielle Form von *akasa* entnommen ist, wird jede Energieform von *prana* abgeleitet. Zu Beginn des Zyklus kommen alle Formen aus *prana* hervor und lösen sich am Ende wieder in *prana* auf. Die Kraft der Bewegung, Magnetismus, Schwerkraft, Elektrizität, Ton, Hitze, Gedanke etc. sind Beispiele für *prana*. Die gesamte Summe aller geistigen und körperlichen Kräfte im Universum wird, wenn sie wieder in den ursprünglichen Zustand aufgelöst ist, *prana* genannt.

Kurz gesagt: Die höchste Natur hat zwei Aspekte, den nuklearen und den der Energie. Alle nuklearen Aspekte der Natur sind Manifestationen von *akasa*, und alle Formen der Energie der nuklearen stammen von *prana*.

Da der Nucleus von der nuklearen Energie nicht zu trennen ist, sind auch *akasa* und *prana* unzertrennlich. Die Kernenergie wird mit großer Anstrengung durch nukleare Technik aus Keimenergie gewonnen. Ebenso wird die Energie von *prana* mit großer Anstrengung aus *akasa* durch den Wahrnehmungsapparat, das physische Schaltwerk, gewonnen.

Pranayama bedeutet *ayama* (Manifestation, Ausdehnung) oder Spaltung von *akasa* in Prana oder *pranas* (Urenergie). Durch *pranayama* werden individuelle Energie und Bewußtsein in universale Energie und Bewußtsein ausgeweitet. Da diese ewig sind, wird man ewig und unsterblich durch Erlangen dieser Energie. *Pranayama* bedeutet deshalb Beherrschung des universalen *prana*.

Pranayama erschöpft sich nicht in Atemübungen, wie manche glauben. Es sind nur einige der vielen Übungen, durch die man zum wirklichen *pranayama* kommt. Konzentration, Meditation und Selbstanalyse sind *pranayama*.

Wir wollen hier über Atemübungen sprechen, die uns helfen, *pranayama* zu erlangen. Zuerst betrachten wir die Natur des Atmens.

Das Lebewesen lebt, weil es atmet. Im Augenblick, wo es zu atmen aufhört, stirbt es. Es gibt keine Ausnahme von diesem ewigen Gesetz. Biologisches Leben und Bewußtsein hängen vom Atem ab. Die Atmung eines jeden Lebewesens besteht aus drei Stufen:

1. *Purakam:* die Stufe der Einatmung. Man füllt Lungen und Zellen mit Luft.
2. *Kumbhakam:* Anhalten der Atmung. Auf dieser Stufe tritt ein Austausch der gasförmigen Substanz ein. Vergiftete Luft wird durch *prana* in den Geweben und Lungen ersetzt.
3. *Recakam:* die Stufe der Ausatmung. Alle vergiftete Luft und andere giftigen Substanzen werden aus der Brust entfernt.

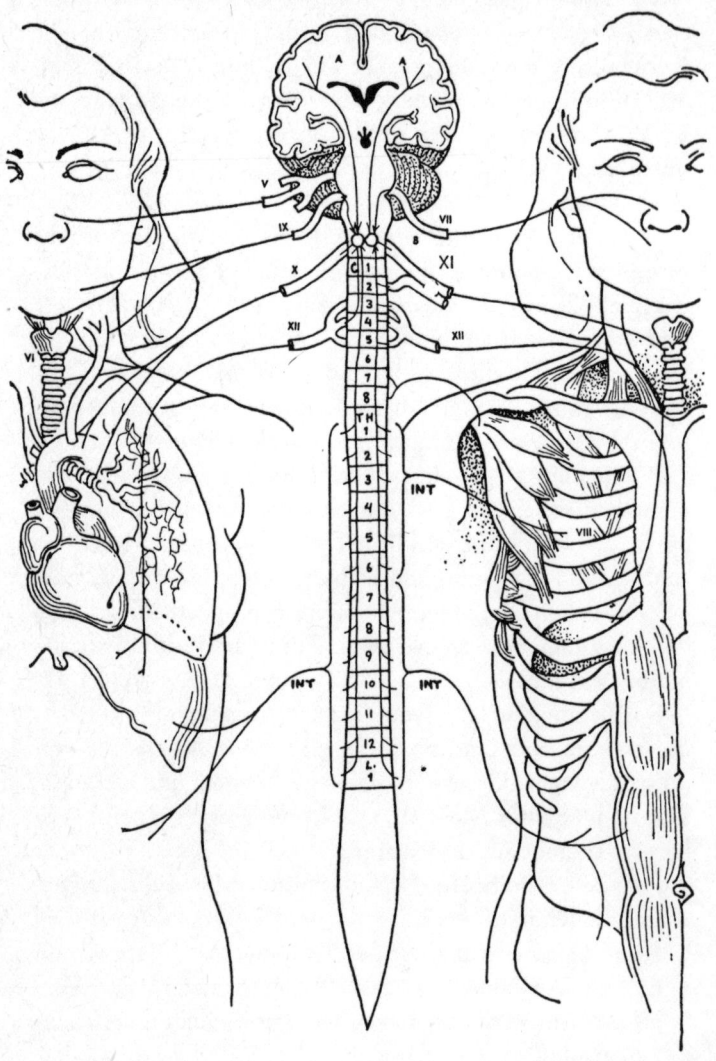

Der ganze Körper atmet, Haut und Lungen aber sind die Hauptorgane der Atmung.

Diese gesamte Atmung wird in zwei Hauptklassen eingeteilt:

1. Äußere Atmung: Sie besteht aus drei Phasen: a) Entlüftung, b) Austausch oder Gase; c) Kreislauf des *prana*.

2. Innere Atmung: Sie besteht aus Verbrennung und chemischen Vorgängen des Stoffwechsels.

Die Körpergewebe, vor allem die der Nerven, können nicht ohne Sauerstoff leben, und dieser ist Teil des *prana*, das wir mit jeder Einatmung aufnehmen.

Nahrung wird durch die Speiseröhre aufgenommen. Nach anfänglicher Verdauung wird *chylus* (resorbierter Teil des Speisebreis) zu Herz und Lungen gesandt. Im *chylus* ist in potentieller Anlage Nahrungsenergie vorhanden. Sauerstoff wird mit diesem in den Lungen vermengt, und mit Sauerstoff angereichertes Blut wird durch den

XIII

ATEMKONTROLLE

A. Kortikale Kontrolle über das Medulla-Zentrum
B. Atmungszentrum in Medulla

1–8 Cervical-Nerven (Nacken und Hals) ⎫ alle Nerven des
1–12 Thorakale Nerven (Brust u. Unterleib) ⎬ Atmungssystems

V. Trigeminus-Nerv
VI. Kehlkopf und Luftröhre
VII. Gesichtsnerv
VIII. Rippen und Muskeln als Teil des Atmungsapparats
IX. Glossopharyngeus-Nerv
X. Vagusnerv
XI. Accessorius-Nerv (Rückenmark)
XII. Phrenic-Nerv (Zwerchfell)

Kreislauf in jedes Zellgewebe des Körpers gesandt. Jedes Zellgewebe ist eine kleine Fabrik, die mit Hilfe von Sauerstoff die potentielle Energie der Nahrungs-Substanz in tatsächliche Energie umsetzt. Diese Energie wird dann durch den Körper für den allgemeinen Aufbau verwendet und durch Vermittlung der Sinne für die Ausbildung der verschiedenen Empfindungen und das durch sie gewonnene Verständnis.

Der Vorgang der Zellteilung nach der neuen Morphologie, der Austausch von Kohlenstoff mit Sauerstoff und anderen Nahrungsstoffen, Stoffwechsel, Oxydation und Organisation der Zellen in bestimmte Gruppen – dies und alle anderen Funktionen des Körpers hängen von der inneren Atmung ab. So vermittelt *prana*, das wir durch Atmung aufnehmen, zwei Arten von Atmung, die äußere und die innere.

Durch Atemübungen stärken wir unmittelbar beide Atmungen. Man sollte Atemübungen bis zur Erschöpfung und bis zum Schweißausbruch durchführen. Denn dies sind Zeichen der inneren Atmung. Wenn Schweiß und Erschöpfung sich im Körper andeuten, dann ist die innere Atmung angeregt. An diesem Punkt müssen die Atemübungen angehalten werden, um der inneren Atmung die Möglichkeit zu geben, sich voll auszuwirken.

Bei den Atemübungen werden mit jeder Ausatmung nach und nach Unreinheiten des Körpers durch Lungen, Haut und Nieren beseitigt, und mit jeder folgenden Einatmung werden Energie des Universums, Leben und Licht der Erkenntnis in den Körper durch Lungen und Haut eingesogen.

Sonnenenergie wirkt frei im Körper durch Übertragung, Wärme und Strahlung. Das innere Licht nimmt ständig zu, bis es volle Freiheit oder Rettung gefunden hat.

Ebenso wie die Unreinheiten in Metallen, Gold, Silber etc. durch Erhitzen im Feuer vergehen, werden geistige wie körperliche Krankheiten und andere Leiden von Körper, Geist und Sinnen vom Feuer des *pranayama* ausgebrannt. Ihre Reinheit wird durch den Vollzug von Atemübungen erlangt. So wie ein Staubsauger allen Schmutz im Haus absaugt, so nimmt der Sog der Atemübung alle Schäden aus Körper, Sinnen und Gedanken fort und entfernt sie durch Ausatmung, Schwitzen und durch andere Ausscheidungskanäle.

Definitionen von *pranayama*:

1. Der Zustand der Konzentration, in dem die Bewegung des Herzens, die Ein- und Ausatmung bewirkt, angehalten wird, ist der vollkommene Zustand des *pranayama*.
2. Der Zustand der Konzentration, in dem die Bewegung der Brust zur Ein- und Ausatmung unbewußt geschieht und der Meditierende sich mit dem höchsten Bewußtsein identifiziert, wird fortgeschrittenes *pranayama* genannt.
3. Die Schulung der Atmung, bei der Luft energisch ein- und ausgeatmet wird, heißt Atemschulung des *pranayama*. Sie führt allmählich und letztendlich zu den oben angeführten Zuständen.

Die ersten zwei gehören zu Raja-Yoga, letzterer zu Hatha-Yoga. Entsprechend der Ausführung und Abgrenzung der Atmung kann man *pranayama* vierfach unterteilen:

1. *Bahya vritti* (äußere energische Atmung)
2. *Abhyantara vritti* (innere energische Atmung)
3. *Stumbha vritti* (unbewegliche, energische Beherrschung der Atmung)
4. *Bahya bhyantara visnayaksepi* (vielfaches Einziehen und Auslassen der Luft)

1. *Bahya vritti* (äußere energische Atmung): Ebenso wie starkes Erbrechen Nahrung und Wasser heraustreibt, sollte der Atem energisch ausgestoßen und so lange wie möglich angehalten werden. Wenn du den Atem ausstoßen willst, mußt du das Becken hochziehen und so lange halten, wie der Atem draußen bleibt. Wenn ein Ge-

XIV

DAS INNERE SYSTEM

Das Leben hängt vom inneren Flüssigkeitskreislauf innerhalb
der Zellen und in den Zwischenräumen ab. Diese inneren
Bedingungen bleiben unveränderlich, auch bei äußerster Kälte
und stärkster Hitze. Alle endokrinen Drüsen, der Verdauungs-
und Atmungsapparat, die Leber und die dargestellten Organe
schütten beständig ihre Sekrete und Hormone durch den Herz-
kreislauf in das gesamte Innere, das beeinflußt wird durch den
Denkvorgang. In der höheren Meditation wird das gesamte Innere beeinflußt, und der Meditierende heilt alle verborgenen und
akuten Krankheiten. Dies ist die feinstoffliche Behandlung, die
den Körper als Ganzes wieder leistungsfähig macht.

1. Flüssigkeit in den Zwischenräumen
2. Flüssigkeit innerhalb der Zellen
3. Blut der Venen
4. Blut der Arterien
5. Flüssigkeit im Rückenmark

fühl des Unbehagens und des Erstickens auftritt, dann ist der Atem wieder langsam einzuziehen. Dieser Vorgang sollte nach Fähigkeit und Lust ausgeführt werden. Das gedankliche Wiederholen von OM begleitet ihn. Es führt zu Reinigung und Festigung von Körper, Sinnen, Gedanken und Bewußtsein. Man kann dies äußeres *pranayama* nennen.

2. *Abhyantara vritti* (innere energische Atmung): Das erste *pranayama* führt zum zweiten hin. Der eingezogene Atem wird im Inneren so lange wie möglich angehalten. Wie zuvor wird OM wiederholt und endet im ersten, das heißt in der Ausatmung. So werden Ausatmung und Anhalten des Atems, Einatmung und Anhalten, der Fähigkeit entsprechend, wiederholt. Dies ergibt einen Zyklus des *pranayama*, der aus den vier oben erwähnten Phasen besteht: a) Ausatmung (und seiner) b) Pause; c) Einatmung (und seiner) d) Pause.

3. *Stumbha vritti pranayama:* Bei diesem *pranayama* wird die Luft weder eingeatmet noch ausgestoßen, sondern unverzüglich angehalten, das heißt sofort außen und innen zum Stillstand gebracht. Die Brust verharrt im Stillstand ähnlich wie eine gerade Säule oder wie ein unbewegliches Gefäß voll Flüssigkeit. Darum nennt man dies *stumbha vritti pranayama* (*stumbha*, Säule; *vritti*, ähnlich.

4. Das vierte *pranayama* ist das Aus-Einhalten. Bei dieser Atemübung wird die Luft tief eingezogen und festgehalten. Wenn sie wieder hinaus will, wird gewaltsam noch mehr Luft eingeatmet. Das ist die erste Stufe, die Einatmung. Die zweite Stufe ist die Ausatmung. Stoße die Luft aus der Brust, und wenn sie wieder zurückkehren will, atme gewaltsam noch einmal aus. Die Lungen haben ein erstaunliches Fassungsvermögen. Es ist nicht möglich, sie vollkommen zu entleeren. Darum sei nicht besorgt über das wiederholte Austreiben der Luft. Es ist die Gegenreaktion. Durch die Reaktion gegen Ein- und Aus-

atmung werden beide Bewegungen in Zaum gehalten, und das Atmungszentrum im Rückenmark kommt unter Kontrolle. Dies führt zur Unterwerfung der Sinne und Gedanken. Der Vorgang vermehrt Kraft und Energie und schärft damit den Intellekt, der selbst die unverständlichsten und subtilsten Probleme begreifen kann. Hierdurch werden die hormonalen Sekretionen und *ojas sakti* (Vitalkraft) im menschlichen Körper entwickelt, die ihrerseits wieder Entschlußkraft, Mut, Beherrschung der Sinne und Aneignung der Erkenntnisse aller Wissenschaften in kürzester Zeit erzeugen.

Das Prinzip von pranayama. Der gesamte Körper, der Ort der Sinne, der Gedanken und des Bewußtseins hängt von *prana* ab. Wenn die Großhirnrinde unter normalen Bedingungen fünf Minuten lang ohne Luft ist, tritt der Tod ein. Der Körper kann nicht ohne Sauerstoff leben, auch nicht eine Minute. In diesen fünf Minuten verbraucht er seinen inneren Sauerstoff. So ist Atmung Leben. Durch *pranayama*-Übung wird das Atmen gestärkt, folglich das Leben gekräftigt.

Prana ist die größte Kraft im Universum. Alle Kräfte sind nichts anderes als seine Manifestationen. Wenn *prana* sich in seinem ganzen Ausmaß offenbart, manifestiert sich Leben in seiner wahren Form.

Atemübungen erzeugen durch innere und äußere Spannungen Reibungen, die als Folge das gesamte zentrale Nervensystem, Körper und Sinne erwecken. Wenn zum Beispiel die Luft herausgelassen wird, läßt der innere Druck von Lunge und Körper nach, und der atmosphärische Druck wirkt gewaltig auf den ganzen Körper ein, um jedes Körpergewebe anzuregen. Wenn Luft eingezogen wird, nimmt der innere Druck zu, und es entsteht Reibung zwischen äußerer und innerer Spannung. Deshalb ist *pranayama* die Übung der inneren und äußeren Spannung, die letztendlich zur vollkommenen Atemkontrolle und Vollendung führt.

Es gibt keine andere der Welt bekannte Methode, um die ruhelosen Gedanken und die Sinne in Zaum zu halten wie *pranayama*. Dies ist der kraftvolle Motor, der Körper, Sinne und Gedanken zur Vollkommenheit führt. Wie ein Seil, das an den Beinen eines Vogels festgebunden ist, diesen herabziehen kann, so kontrolliert die Übung von *prana* die unruhigen Gedanken und ihre Wellen. Prana ist das unfehlbare elektrische Werkzeug, mit dem die Bestie der Wollust, Begierde und des Zorns beherrscht wird.

Vom Gesichtspunkt der Konzentration und Übung aus wird *pranayama* folgendermaßen eingeteilt:

1. Raja-Yoga *pranayama*
2. Hatha-Yoga *pranayama*

Raja-Yoga *pranayama* wird nur durch Willenskraft ausgeführt. Für diese Atemübungen werden die Finger nicht benutzt, während beim Hatha-Yoga die Finger der rechten Hand auf drei Stellungen verteilt sind: Der rechte Daumen wird auf das rechte Nasenloch gelegt, der Ring- und kleine Finger auf das linke. Zeige- und Mittelfinger werden in die Handfläche hineingelegt.

Man beginnt mit Hatha-Yoga *pranayama*. Niemand kann Raja-Yoga *pranayama* ohne Erfahrung von Hatha-Yoga *pranayama* ausführen. Bei Raja-Yoga *pranayama* bleibt der ganze Körper in *yoganidra*. Der gesamte Körper ist wie tot. Deshalb können Hände und Finger in diesem Zustand nicht arbeiten. Der Geist ist erleuchtet, durch seine Kraft wird die Atmung angehalten und *pranayama* allein durch die Gedanken ausgeführt.

Technik des Hatha-Yoga *pranayama*:

1. Bringe deinen Körper in eine solche bequeme Stellung, daß Brust, Hals und Kopf in einer geraden Linie gehalten werden.
2. Entferne alle Ängste und Schwingungen aus deinen Gedanken und sei fröhlich und glücklich, weil du in einem unruhigen Zustand *pranayama* nicht vollkommen ausüben kannst.

3. Drücke dein rechtes Nasenloch mit deinem rechten Daumen fest zu.

4. Atme langsam durch dein linkes Nasenloch ein. Fülle deine ganze Brust mit Luft und gedenke, daß du äußere und innere Atmung ausführst.

5. Wenn du Luft einziehst, wiederhole in Gedanken OM und denke, daß du Leben aus der äußeren Welt in die innere führst, das heißt in jede Zelle.

6. Denke, daß du alle physischen und geistigen Krankheiten in deinem Körper überwindest.

7. Wenn die Einatmung abgeschlossen ist, dann lege Ring- und kleinen Finger auf dein linkes Nasenloch, und drücke es fest zu. Dies wird *kumbhakam* genannt.

8. Halte den Atem so lange wie möglich an. Wiederhole OM.

9. Wenn das Anhalten nicht mehr möglich ist und du Unbehagen und Ersticken empfindest, beginne langsam mit der Ausatmung, indem du deinen rechten Daumen von dem rechten Nasenloch fortnimmst.

10. Nach vollkommener Ausatmung drücke dein linkes Nasenloch erst mit dem Ring- und kleinen Finger der rechten Hand zu und atme langsam durch das rechte Nasenloch ein. Wenn die Einatmung abgeschlossen ist, drücke den rechten Daumen fest gegen das rechte Nasenloch und halte die Ausatmung an. Kannst du innerlich die Luft nicht mehr halten, atme sie wieder durch das linke Nasenloch aus, indem du deinen rechten Ring- und kleinen Finger von dem linken Nasenloch fortnimmst. Dies ist ein Zyklus von *pranayama*.

11. Wiederhole so viele Zyklen wie möglich, bis zu Erschöpfung und Schweißausbruch. Dies sind die Zeichen der inneren Atmung.

12. Fühle, daß dein gesamter Körper voller elektromagnetischer Schwingungen ist.

13. Fühle, daß mit jedem Pulsschlag das Herz Leben und Energie in jedes Körpergewebe schickt.

14. Fühle, daß dein Körper bei jedem Herzschlag magnetisiert und dein Geist erweckt wird.

15. Wenn du erschöpft bist, halte mit der Übung an und meditiere in einer entspannten Haltung.

16. Höre aufmerksam auf *anahata nadam*.

17. Hatha-Yoga *pranayama* endet in Raja-Yoga *pranayama*. Reguliere dein Atmen beim Meditieren.

18. In diesem Zustand soll die Atmung so langsam wie möglich sein.

19. In Raja-Yoga *pranayama* sollten Einatmen, Anhalten und Ausatmen in Gedanken ausgeführt werden.

20. Wenn sich OM – *anahata nadam* – in der ganzen Fülle manifestiert, dann vergiß Körper, Atmung und alles.

21. Entwickle dieses Verhalten so sehr, daß du deine Atmung nicht wahrnimmst, in gleicher Weise wie du deine Atmung nicht hörst, wenn du mit einem ernsten Problem beschäftigt bist.

22. Fahre täglich mit dieser Übung fort, iß mäßig, und du wirst Erfolg in *pranayama* haben.

23. Wiederhole OM, und halte den Ton möglichst lange an. Dies ist äußeres *kumbhakam*, das dir ungeheure Kraft und vollkommenen geistigen Frieden schenkt.

24. Das Singen von OM soll in einer tiefen Tonlage beginnen und die höchste Tonlage deiner Stimme erreichen.

25. Wenn du des Singens müde bist, meditiere über OM.

26. Vergiß die Empfindung deines Körpers und identifiziere dich mit dem höchsten Bewußtsein.

Verbindung von pranayama mit Entspannung. Wenn du irgendeinen Teil deines Körpers entspannst, dann fixiere deine Gedanken auf diesen Teil und sende starke Suggestion, um ihn zu entspannen. Nimm in diesem Teil des Körpers Entspannung wahr. Halte deinen Atem an und fühle das elektromagnetische Pulsieren in diesem Teil. Für die kombinierte Übung von *pranayama* wird der Körper in sieben Bereiche eingeteilt:

1. Kontrolle der Geschlechtsorgane durch Kontrolle von *prana*.

2. Entspannung der Beine durch die Kontrolle von *prana*, das auf den unteren Teil der Wirbelsäule fixiert wird.

3. Entspannung des Bauches durch Beherrschung des *prana*, das auf die Mitte des Bauches (Nabel) fixiert wird.

4. Entspannung der Brust durch Kontrolle von *prana*, das auf das Herz fixiert wird.

5. Entspannung des Halses durch Atemkontrolle, die auf den Hals fixiert ist.

6. Entspannung des ganzen Körpers durch Fixierung von Aufmerksamkeit und *prana* auf die Stelle des dritten Auges und durch Anhalten des Atems.

7. Völlige Identität mit dem höchsten Bewußtsein durch Fixierung von *prana* und Aufmerksamkeit auf *sahasraram* (Großhirn).

Jetzt weißt du, wie *prana* kombiniert wird, um Kundalini durch die sieben Chakras hindurch zu erwecken.

Technik. Halte deine Atmung an, und schicke deine Energie und die Kraft deiner Aufmerksamkeit von *muladhara* zu *sahasraram* und von dort wieder zu *muladhara* (vom unteren Teil des Rückenmarks zur Großhirnrinde und von dieser wieder zum unteren Teil des Rückenmarks). Wiederhole diesen Vorgang, bis du deinen Körper wieder vergißt und dich mit dem höchsten Bewußtsein identifizierst.

Übe täglich *pranayama*, das dich *pranayama* lehren wird. Wenn die Atmung angehalten wird und du das ganze Universum in dir erblickst und dich selbst im ganzen Universum, dann ist dies der höchste Zustand von Raja-Yoga *pranayama*. Fürchte dich nicht. Dies ist die höchste Stufe des Lebens, auf der ein Sterblicher unsterblich wird. Wenn du diese Stufe durch *pranayama* erreichst, wirst du ewiges Leben, Existenz, Bewußtsein und Seligkeit empfangen. Dann kannst du in jede Welt eintreten und jede Gestalt annehmen.

Zentralisierung der Atmung durch prana im zentralen Nervensystem (susumna)

1. Die Atmung steht unter der willkürlichen Kontrolle (der Großhirnrinde) und unter der unwillkürlichen (Reflex).
2. Sie wird durch die vereinigte Tätigkeit der Muskeln, der nervlichen und chemischen Vorgänge reguliert.
3. Der Schrittmacher ist das Atemzentrum im Rückenmark.
4. Es paßt die Zufuhr (äußere Atmung) den Bedürfnissen des Körpers (innere Atmung) an.
5. Die Reize der Einatmung werden durch eintretende Nerven im Zentrum des Rückenmarks aufgenommen, die Reize der Ausatmung werden durch austretende Nerven übertragen.

    a. *Muskelapparat:* Die Weitung der Brust durch Einatmung übt eine Saugkraft auf die Lungen aus, und da sich diese beim Ausdehnen der Brust ausweiten, fließt Luft in die Lungen. Einatmung ist der aktive und Ausatmung der passive Bestandteil. Brust-, Zwerchfell- und Bauchmuskeln nehmen wieder ihre frühere Lage ein, dem elastischen Rückzug der Lungen folgend. Brustmuskeln und Zwerchfell sind die Hauptmuskeln, deren sich der Muskelapparat bedient.

    b. *Nervenapparat:* Alle Nerven, die Brust, Bauch und Zwerchfell unmittelbar Kraft zuführen, bilden das Nervensystem. Andere Nerven des Rückenmarks stützen indirekt das Nervensystem für die Atmung. So sind alle Rückenmarksnerven bei der Atmung eingesetzt. Eine Reihe von Impulsen wird im Vagusnerv von ausgestreckten Empfängern dieser Nerven in die Lungen getragen. Die Reize erreichen das Atmungszentrum, das im Rückenmark verkürzte Einatmung veranlaßt und die Ausatmung anregt. Die Empfänger der Vagusnerven – ausgestreckt im Herzen, in der Aorta und in den Gefäßen der Halsschlagader – wirken durch Druck und chemische Veränderungen im Blut. Zunahme des Drucks der Arterien verursacht Hemmung der Reflexe durch Reizung des Atmungszentrums. Schwächung regt das Atmungszentrum an zur verstärkten Atmungsleistung der Lungen. Verstärkter Druck der Venen regt das Zentrum zur vergrößerten Atmungsleistung der Lungen an, abfallender Druck veranlaßt Reflexhemmung des Atemzentrums. So bewirkt die Veränderung des Drucks der Venen das genaue Gegenteil von der der Arterien. Druckempfindliche Nervenenden liegen vor allem in der Wand des erweiterten Teils der inneren Halsschlagader.

c. *Chemischer Apparat:* Kohlendioxyd und Milchsäure sind die wesentlichen Regulatoren der Atmung. Sie verstärken die Wasserstoff-Ion-Konzentration im Blut. Eine Zunahme des Kohlendioxyd-Gehaltes der Lungenbläschen von nur 0,2 Prozent regt verstärkte Atmungsleistung an durch unmittelbare Einwirkung auf das Atmungszentrum und auch als Reflex bei Erregung der Sinnesnervenenden im Sinus-Bereich der Halsschlagader und im Aortenbogen. Die Atmung wird weitgehend durch die Menge des eingeatmeten Sauerstoffs beeinflußt. In verdünnter Höhenluft, wo der Sauerstoff-Gehalt der Luft stark verringert ist, müssen die Atmungsorgane sich mehr anstrengen, um den Mangel an Sauerstoff auszugleichen.

Zusammenfassung: Das Atmungszentrum im Rückenmark empfängt Reize von den höheren kortikalen Zentren, die von psychischen Kräften kontrolliert werden, und empfängt afferente (sensorische) Impulse durch den Trigeminus-Nerv (fünfter Hirnnerv), den Glossopharyngeal-Nerv (neunter Hirnnerv), den Vagus-Nerv (zehnter Hirnnerv), den Phrenicus-Nerv dritter, vierter, fünfter Hirnnerv des Hals-Nacken-Abschnitts) und von den interkostalen unteren Nerven, die zwischen den Rippen liegen (vom Brustabschnitt eins bis zwölf). Efferente (motori-

sche) Impulse werden weitergeleitet durch den Gesichtsnerv (siebenter Hirnnerv), den Vagus oder wandernden
Nerv (zehnter Hirnnerv), durch akzessorische Nerven (elf-
ter Hirnnerv), den Phrenicus (dritten, vierten, fünften
Hirnnerv im Hals-Nacken-Abschnitt), den Hals-Nacken-
(im ersten bis achten Abschnitt) und den zwischen den Rippen liegenden Nerven (im Brustabschnitt eins bis zwölf).

Meditiere über die Atmung durch *nadam*. Lenke die
Energie von *nadam* in den ganzen Körper durch äußere und
innere Einatmung und entferne Verstopfung, Exkremente,
Gebrechen, Unrat, Unwissenheit aus Körper, Sinnen und
Gedanken mit Hilfe der inneren und äußeren Ausatmung.
Laß langsam Luft einströmen, und die hineinfließende Luft
fülle jeden Teil von Körper, Sinnen und Gedanken mit
göttlicher Kraft durch äußere und innere Einatmung, und
entferne materielle Begierde, Lust, Ärger, Haß und die dämonische Natur aus Körper, Sinnen und Gedanken durch
innere und äußere Atmung. Führe diesen Vorgang weiter
aus, bis *nadam* (OM-Schwingung) zum Wesen der äußeren und inneren Atmung wird. Wenn *nadam* innen und
außen ist und die Atmung regelmäßig kontrolliert wird,
dann fühlt man sich im Meer des Bewußtseins. Das eigene
Bewußtsein versinkt in dem höchsten, und die individuelle
Persönlichkeit weitet sich in die universale aus.

Übe diese Meditation täglich durch den Weg der Kundalini, und erwecke deine Kundalini-Kraft nach und nach.
Gewinne hierdurch den wahren geistigen Körper, der ewig
und unsterblich ist.

Dies ist das Ende der fünfundzwanzigsten Unterrichtsstunde. Lies die Anweisungen, begreife sie. Schlage nach in
Darstellungen des Atmungsapparates und der Beziehung
zwischen Atmungszentrum und dem ganzen Körper. Studiere die Biochemie der Atmung. Konzentriere dich auf
prana und erfreue dich an Nirvana.

26 Aura und Astralkörper

Jeder ist interessiert an der Öffnung des dritten Auges, um Kundalini-Shakti zu erwecken und die Aura wie den Astralkörper zu erblicken. Aber wie viele sind bereit, die dafür notwendigen Opfer zu bringen? Diese Lektion bezieht sich insbesondere auf die Aura und den astralen Körper.

Einleitung. Jedes Element der Natur ist mit Aura erfüllt, und jedes Lebewesen hat astrale Körper. Im Menschen sind sie voll entwickelt. Selbst unsere Schatten und Fotografien haben Aura-Ausstrahlungen.

Sie haben zahllose Farbschattierungen, die als rot, orange, gelb, grün, blau, indigo, lila klassifiziert werden.

Es gibt fünf Astralkörper. Die ersten drei sind den Meistern sichtbar, die zwei feinstofflichen können nur die vollendeten Yogis sehen. Der erste, »physisch« genannte Körper ist für jeden wahrnehmbar. Alle feinstofflichen Körper sind durch diesen manifestiert. Ihre Manifestation entspricht der Entwicklung des physischen Körpers. Ist dieser unrein, dann sind die astralen Körper, obwohl sie immer offenbar sind, der Seele, die diesem Körper innewohnt, nicht sichtbar. Im Augenblick des Todes trennen sich die Körper und wandern in eine andere Inkarnation. Während des Schlafes können die astralen Körper überallhin wandern, aber sie sind nicht vom physischen Körper getrennt. Manchmal jedoch vom Unterbewußtsein. Deshalb können wir den zeitweiligen Scheintod eines solchen Menschen wahrnehmen. Nach einiger Zeit aber sehen wir seine Wiederauferstehung. Die Erklärung hierfür ist, daß dem Anschein nach die Trennung vom Unterbewußtsein vollzogen war, der Körper aber tatsächlich noch mit diesem verbunden blieb. Diese astralen Körper können Nachrichten geben, wenn sie durch die Übung sichtbar geworden sind. Dies geschieht nach einer Zeit, aber sie können dem Anfänger noch nicht die erwarteten Ergebnisse bringen.

In unserem gewöhnlichen Leben erhalten wir Nachricht durch andere und können die Gedanken anderer durch die astralen Körper lesen, aber ihre Arbeitsweise ist dem Uneingeweihten nicht bekannt. Manchmal legen wir auch ihre Botschaft falsch aus. Wenn wir unsere Gedanken entwickeln, so daß wir sie richtig lesen können, werden wir ihre Nachricht genau verstehen. Alle unsere Ideen, Bilder und Gedanken sind Darstellungen dieser Körper. Unsere Träume werden von ihnen gebracht. Die Körper, die wir im Traum sehen, und die Welt, die uns im Traum gezeigt wird, ist die astrale Welt. Für Anfänger ist es schwer, sie im Wachzustand zu sehen.

Das folgende ist ein kurzes Verfahren, um die Gedanken so zu entwickeln, daß sie die Astralkörper und die Aura wahrnehmen.

Erstes Verfahren
1. Stelle dich vor einen langen Spiegel, in dem du deinen ganzen Körper sehen kannst.
2. Übe *tratakam* ohne Unterbrechung auf dein Spiegelbild, ohne mit der Wimper zu zucken. Sind deine Augen müde oder angestrengt, dann schließe sie und meditiere über dein Bild, solange die Augen müde sind.
3. Wiederhole *tratakam*. Zu Beginn kann das vier- oder fünfmal geschehen. Nach langer Praxis kannst du deinen Astralkörper deutlich aus dem physischen entweichen sehen.

Zweites Verfahren
1. Bringe deinen Körper in eine bequeme Stellung und übe *tratakam* mit halb geöffneten Augen, ohne deinen Blick auf einen besonderen Gegenstand zu richten.

2. Nach einigen Minuten der Praxis wirst du die Aura eines jeden Objekts erblicken. Du siehst deutlich, daß alles von einer Aura umgeben wird, selbst Bilder und Figuren. Nach wenig Jahren Übung bist du fähig, die Astralkörper im Wachzustand wahrzunehmen.

Drittes Verfahren

1. Gib deinem Unbewußten vor dem Einschlafen die starke Suggestion: »Ich will meinen feinstofflichen oder astralen Körper sehen.« Zu Beginn wirst du keine Reaktion erfahren, nach einer gewissen Zeit aber erhältst du eine Reaktion aus deinem Unterbewußtsein. Manchmal nur zu einem bestimmten Teil, manchmal vollständig. Nachdem du lange Zeit Suggestionen gegeben hast, wirst du deinen Astralkörper und den anderer im Wachzustand erblicken.

Viertes Verfahren

1. Übe *tratakam* zweimal am Tag auf die Fotografie eines Menschen, der die Befreiung erlangt hat. Nach einigen Tagen gewissenhafter Praxis bist du fähig, Licht zu sehen, das aus der Fotografie ausstrahlt, und nach unveränderlicher Übung siehst du deutlich deinen Astralkörper und den anderer.

Allgemeine Beschreibung. Yoga-Psychologie ist ausgesprochen gegen diese Übungen, die nur Beiwerk des Yoga sind. Meditiere nicht und konzentriere dich nicht auf Auras oder Astralkörper, sondern meditiere zur Vollendung und Befreiung, und du wirst dank der befreiten Seelen diese und andere übernatürlichen Erscheinungen erblicken.

Den Schülern des Yoga sei eine strenge Warnung gegeben. Sie sollen nicht die Schau von Auras und Astralkörpern üben, weil manchmal diese Übungen den Geisteszustand schwächen. Diese Lektion wurde geschrieben, weil einige Menschen nicht im Gleichgewicht sind und dadurch vom rechten Weg abweichen. Sie üben Yoga nur zu diesem

Zweck und mißbrauchen es dadurch. Astralkörper und Auras sind sehr oberflächliche Dinge. Wenn du diese Übungen ausführst, um sie zu sehen, wird dies eine Anzahl von Jahren benötigen. Wenn du aber nicht übst, um sie zu erblicken, und Yoga auf richtige Weise ausführst, werden sie nach wenig Tagen Praxis vor dir erscheinen. Andererseits wird diese Lektion dir helfen, dich mit verschiedenen Manifestationen vertraut zu machen und dich vor psychischen Ängsten zu schützen. Viele Schüler werden durch solche psychischen Phänomene verwirrt. Bist du schon mit der Tatsache vertraut, daß sie dir begegnen können, dann wirst du nicht erschrecken, und du wirst imstande sein, guten Gebrauch von ihnen zu machen.

Diejenigen, deren Hauptziel bei Übungen die Schau der Astralkörper und Auras ist, werden dafür ihr ganzes Leben hingeben, und doch werden die Astralkörper nicht ihren Zwecken dienen. Sie sind Sklaven dieser Erscheinungen und stets in Angst vor verschiedenen psychischen Phänomenen. Manchmal führt diese Praxis zu Spiritismus und wirft psychiatrische Probleme auf. Deshalb sollten Yoga-Schüler solche Übungen nie machen, nur um Astralkörper und Auras zu erblicken. Sie werden während der Praxis von selbst erscheinen, und der Schüler wird dann verstehen, daß sie auftreten, um ihm zu dienen. Er sollte keine besondere Aufmerksamkeit auf sie verwenden. Nach einer gewissen Übungszeit fühlt er, daß alle Astralkörper und andere übernatürlichen Erscheinungen vollkommen unter seiner Kontrolle stehen.

Dies ist das Ende der sechsundzwanzigsten Unterrichtsstunde. Lies die Lektion, begreife sie und übe Yoga zu deiner Vollendung.

27 Übernatürliche Kräfte

Definition. Die Kräfte, die nicht im Bereich der unerleuchteten Sinne liegen, werden normal oder übernatürlich genannt. Im gewöhnlichen Zustand ist die Tragweite der Sinne begrenzt. Sie können weder über ihre Begrenzung hinaus noch können sie unterhalb der Grenze bleiben. Diese wird »Reizschwelle« genannt. Wenn man aber durch gewisse Übungen diese Schwelle überwindet oder erweitert, dann beginnt man, übernatürliche Kräfte zu entwickeln. In Wirklichkeit gibt es gar keine übernatürliche oder übernormale Kraft, weil nichts außerhalb der Natur existiert. Dieser Ausdruck ist nicht vom Gesichtspunkt der Natur aus gewählt, sondern von dem des Menschen, von seinem normalen Zustand, seiner Natur oder seiner Fähigkeit aus. Wissen ist die wirkliche Macht. Wenn es die Grenze des unerleuchteten Menschen überschreitet, wird es übernatürlich genannt. Nach diesem relativen Ausdruck hat jeder einige übernatürliche Kräfte und Eigenschaften, über die andere nicht verfügen.

Übernatürliche Kräfte werden auf folgende Weise erlangt:

1. Mit der Geburt: Manchmal hat man in seiner früheren Inkarnation Yoga geübt und wird in dieser Inkarnation mit *siddhas* (höheren Kräften) geboren.
2. Durch chemische Mittel: Die moderne Welt sieht täglich die Wunder der Chemie.
3. Durch *mantram* und Studium: Kräfte können durch Studium der Wissenschaften und durch Wiederholung von *mantras* erworben werden.
4. Durch *tapah*: Selbstzucht und Selbstzüchtigung.

5. Durch *samadhi* und Konzentration.

Die übernatürlichen Kräfte, die auf die ersten vier Arten erlangt werden, sind von untergeordneter Bedeutung und vergänglich. *Samadhi* (Konzentration) ist das Mittel, durch das man alles und jedes erreichen kann, sowohl in Gedanken wie im moralischen und geistigen Verhalten. Übernatürliche Kräfte, die durch Konzentration erworben werden, sind von Dauer und unvergänglich.

Es gibt eine Vielzahl von übernatürlichen Kräften, hier aber will ich nur die erwähnen, die von Anfängern verstanden und durch harte Konzentrationsübung erlangt werden:

1. *Avesa:* Eintritt in andere Körper
2. *Cetaso jnanam:* Telepathie
3. *Arthana chandatahkriya:* Dinge nach eigenem Willen vollbringen
4. Hellsehen
5. Hellhören
6. Allwissen
7. Glanz
8. Willentlich unsichtbar werden

Dies sind die acht unübertrefflichen Kräfte des Yogi. Sie und noch andere werden durch Konzentration und Meditation erlangt, wenn die Gedanken rein sind. Achte darauf, daß alle diese Leistungen den ruhelosen Gedanken Heilung bringen. Werden sie mißbraucht, hindern sie *samadhi*. Sieh dich vor, sonst kann ihr Mißbrauch in die Welt der Formen und Namen zurückführen. Richtig angewendet, sind sie der Weg zur Vollendung.

Der Erwerb dieser Kräfte ist im Yoga-System dem Hauptziel des *samadhi* untergeordnet. Wird dieses höchste Ziel nicht erlangt, so sind auch die niederen Stufen nicht wertlos. Jede Stufe der Konzentration bringt ihre eigene Belohnung. Beherrschung der Stellung führt zum Magnetisieren des ganzen Körpers, so daß er abgehärtet und widerstandsfähig wird, fähig, äußerste Hitze und Kälte, Leid,

Belastung und alle Widerstände zu ertragen. *Pranayama* entfernt alle Unreinheiten der Gedanken, und der Geist wird von intuitivem Wissen erleuchtet. Durch *samyamah* gewinnt der Mensch vollkommene Kontrolle über den Körper; geistige und körperliche Krankheiten werden überwunden, und der Geist wird zur Behausung von außersinnlichen Wahrnehmungen. Durch *samyamah* (Fixierung, Suggestion und Empfindung) kann der innerste Grund der Dinge erfahren und das ewige Licht der Weisheit erlangt werden.

Die Verbindung von *pratyahara* (Zurücknahme der Energie und des Bewußtseins und ihr Gebrauch für besondere Zwecke) mit *samyamah* verstärkt die physischen Kräfte. Größere Widerstandsfähigkeit wird erlangt. Auch werden die Sinneskräfte gesteigert. Die Fähigkeit wird erlangt, auf weite Entfernung zu sehen und zu hören. Durch lange Konzentration können vergangene und zukünftige Inkarnationen erfahren werden.

Wenn *samyamah* (Fixierung, Suggestion und Empfindung) auf eine bestimmte Vorstellung gerichtet wird, dann erwacht das Wissen um die Gedanken anderer. Eine Übertragung von Gedanken ohne normale menschliche Kommunikationsmittel ist den Yoga-Schülern möglich.

Durch *samyamah* auf die dreifachen Arten der Natur (Manifestation, Bewahrung und Auflösung) erlangt man Kenntnis von Vergangenheit, Gegenwart und Zukunft.

Der fortgeschrittene Yogi kann durch die Verbindungen von *samyamah* seinen Körper unsichtbar machen. Auf den anderen sieben Stufen des Yoga erlangt der Schüler die Möglichkeit, den gesamten kosmischen Raum zu durchwandern, das Sternensystem, den Polarstern und alle anderen verborgenen Schauplätze der Natur, die der Welt unbekannt sind.

Wer durch Konzentration den Unterschied zwischen dem Selbst und der objektiven Existenz erkennt, erwirbt Macht über alle Stufen der Existenz und Allwissen. Dies ist Vollendung. Doch ihr Mißbrauch verschließt *samadhi*, das Tor zur Befreiung. Darum soll man sich nicht auf übernatürliche Kräfte konzentrieren oder nach ihnen verlangen. Sorge dich nicht; sie werden zu dir kommen, wenn du sie gar nicht haben willst. Sobald du sie besitzen willst, werden sie vielleicht gar nicht in Erscheinung treten oder erst nach vielen Opfern. Sie sind Nebenprodukte des Yoga, Blumen, die man zufällig auf dem Wege pflückt. Der wahre Sucher geht nicht vom Wege ab, um sie zu sammeln. Denn nicht die Blumen sind sein Hauptziel, sondern die Frucht, die Freiheit oder Befreiung. Wenn alle diese Vollkommenheiten für den Dienst des Höchsten eingesetzt werden, dann kann das Heil gefunden werden. Wer aber zum Opfer dieser übernatürlichen Kräfte wird, fällt schnell herab und wird Teil der materiellen Welt.

Übernatürliche Kräfte sind nicht okkult, geheimnisvoll oder wunderbare Eingriffe in die Naturgesetze, sondern Teil der Natur, die noch jenseits der Sinne des unerleuchteten Menschen liegt. Die Welt, die dem Unerleuchteten geöffnet ist, ist ein Teil der Natur, nicht die gesamte. Die Welt jenseits der physischen hat ihre eigene Wissenschaft und ihre eigenen Gesetze. Die Anziehung dieser Kräfte weist auf das höhere Leben jenseits des materiellen hin.

Dies ist das Ende der siebenundzwanzigsten Unterrichtsstunde. Lies die Anweisungen, begreife sie, und wenn irgendwelche übernatürliche Kraft zu dir kommt, dann nutze sie zur Erleuchtung deines Geistes. Fürchte dich nicht, und werde nicht nervös, wenn sie erscheinen. Sie werden dir keinen Schaden zufügen.

28 Anahata nadam – Om – Sphotam

1. Im Anfang war das Wort, und das Wort war bei Gott, und Gott war das Wort.
2. Dasselbe war im Anfang bei Gott.
3. Alle Dinge sind durch dasselbe gemacht, und ohne dasselbe ist nichts gemacht, was gemacht ist.
4. In ihm war das Leben, und das Leben war das Licht des Menschen.
5. Und das Licht scheint in der Finsternis, und die Finsternis hat's nicht ergriffen.

Jetzt bist du mit dem Wort OM vertraut und kannst mit der Konzentration auf *nadam* beginnen. OM, *anahata nadam* und *sphotam* sind von gleicher Bedeutung. (Sie heißen »Wort«. Wor-, *vara* in Sanskrit, bedeutet Wahrheit, Licht, Leben, und -t teilen, schenken, geben, wirkliches Leben.) Jeder hat dieses Wort, aber nicht jeder versteht seine wahre Bedeutung. Es scheint in der Finsternis, in der Unwissenheit. Aber infolge seiner Unwissenheit versteht der Mensch nicht seine Allgegenwart, Allmacht und Allwissenheit. Es ist das Licht und das Leben des Universums.

Ein riesiges Meer von *nadam* fließt überall, in den Lebewesen und den nicht Lebenden, in der organischen und der unorganischen Welt, in der Erscheinung oder im Gedachten. In Kürze: Alle Zustände der Natur und des Bewußtseins hängen von OM ab. Es ist alles in allem und deshalb OM. Es ist allwirksam, allgewaltig, allmächtig. Es ist überall, deshalb ist es allgegenwärtig. Es weiß alles, und das Wissen kommt von ihm. Deshalb ist es allwissend. Hierfür gibt es einige sinnverwandte Worte wie Amen, Omni etc. Sie haben alle die gleiche Bedeutung.

Du hast den Klang des OM. Höre sorgfältig hin. Zuerst wirst du ihn als klingenden Ton in deinem Ohr vernehmen, besonders in deinem rechten Ohr. Dies ist OM. Es heißt *anahata nadam*, weil es ohne Instrumente schwingt (*an*, nicht; *ahata*, Instrument; *nadam*, Ton).

Man kann ihn auf zweierlei Weise hören: auf die künstliche und die natürliche.

1. Du kannst diesem Ton auf eine künstliche Art durch eine Yoga-*mudra*-Technik lauschen: Schließe deine Ohren mit deinen Daumen. Schließe deine Augen mit den Zeigefingern. Schließe und drücke deine Ober- und Unterlippen mit Ring- und kleinem Finger zusammen. Der Mund sollte voller Luft sein. Atme leicht durch die Nase. Dieses *mudra* läßt dich das Spektrum verschiedener Lichter sehen. Aus deiner Seele wird *mantram* tönen. Dies ist ein *yogamudra*, durch das du deine Seele als Lichterscheinung sehen und ihre Musik in Form von *anahata nadam* hören wirst. Wenn du dieses Licht auch nur einen Augenblick ohne Behinderung siehst, wirst du frei sein von Unreinheiten und eine höhere Stufe erreichen.

2. Wenn deine Unreinheiten bis zu einem gewissen Grad beseitigt sind, beginnst du zu hören, ohne daß du deine Finger auf das Gesicht legst. Dies wird der wahre Zustand von *nadam* genannt.

Anmerkung: Wenn du *yogamudra* übst und deine beiden Nasenlöcher durch deine Mittelfinger geschlossen sind, wirst du ein Gefühl des Erstickens haben. Um dieses zu beseitigen, lasse langsam und leise Luft durch deine Nasenlöcher einströmen. Nimm aber die Finger nicht von den Nasenlöchern fort. Tue dies täglich einige Minuten lang, und du wirst wahres *anahata nadam* erreichen, das immer in dir bleiben und dich lehren wird.

Anahata nadam ist die Manifestation des Höchsten in deinem Wahrnehmungsapparat. Wenn du wahres *nadam* erlangt hast, dann meditiere unaufhörlich darüber. Sind alle Unreinheiten deiner Gedanken durch Meditation über OM beseitigt, dann wirst du deinen physischen, feinstofflichen und kausalen Körper vergessen und dich mit dem ewigen Selbst, dem Einen ohne Zweiten identifizieren. Übe dies im geheimen, und du wirst gleich überzeugt sein. Letztendlich wirst du in den Zustand des Nirvana verwandelt.

Es gibt eine zahllose Vielfalt von *nadam*, die aber für den Anfänger nicht tauglich ist. Die folgenden zehn sind die nützlichsten und häufigsten:

1. *Cin nadam:* ähnlich dem Summen der von Honig berauschten Bienen. Unbewegte Schwingung einer Maschine; Regenfall, Pfeiftöne; Ton von hoher Frequenz
2. *Cincin nadam:* Wasserfall, Brausen des Meeres
3. *Ghanta nadam:* Ton eines Glockenklangs
4. *Sankha nadam:* Ton einer Seemuschel
5. *Tantri vina:* Nasaler Ton, summend wie der eines mit Metallsaiten bespannten Instruments
6. *Tala nadam:* Klang einer kleinen gespannten Trommel
7. *Venu nadam:* Klang einer Flöte
8. *Mridamga:* Klang einer großen Baß-Trommel
9. *Bheri nadam:* Klang eines Echos
10. *Megha nadam:* Rollen eines entfernten Donners

Dies sind zehn Stufen von *nadam*. Jede besteht aus zahllosen Abarten von Tönen. Wenn man über sie meditiert, zerstört man die geistige Unwissenheit. Fixiert man die ganze Aufmerksamkeit auf diese ewigen Schwingungen, und ist man frei von Unreinheiten, dann hat man die Versenkung ins Höchste erlangt. Wenn der Meditierende geistig vollkommen mit OM beschäftigt ist, vergißt er die Außenwelt, einschließlich seines Körpers wie seiner Sinne, und identifiziert sich im *samadhi* mit OM. Durch die Übung der Konzentration auf *nadam* besiegt der Schüler Stufe für Stufe alle Auswirkungen der Gedanken und die *gunas* (*rajoguna* und *tamoguna*). Er erlangt *brahman*.

Anahata nadam ist *sabda brahman, saguna brahman,* die Überseele mit höchster Naturkraft, und wenn OM völlig manifestiert ist, heißt dies *nirguna brahman*. Schwingung ist Ursache aller Töne, darum ist OM die Ursache aller Schwingungen und Bewegungen. Da die Erscheinung der Natur und der Geist, der hinter dieser liegt, nur Schwingungen und Bewegungen der Naturenergie sind, wird jeder Naturzustand der Zustand von OM genannt.

Makrokosmos und Mikrokosmos durchlaufen vier Stufen von OM. Diese werden nach den Lauten von OM eingeteilt. Es sind drei Laute, und der vierte ist das Echo. Diese vier Stufen werden *nadam* oder OM genannt.

OM besteht aus den Lauten: A-U-M. Der Laut »A« stellt Manifestation und Evolution des Mikro- und Makrokosmos dar. Das Bewußtsein von »A«, das im Mikrokosmos wirkt, wird *visva* genannt, das des Makrokosmos *virat*. Der Laut »U« stellt die Bewahrung des Mikrokosmos und Makrokosmos dar. Die Bewußtseins-Energie von »U«, die im Mikrokosmos wirkt, wird *tejasa* genannt, die des Makrokosmos *sutratman*. Der Laut »M« in OM zeigt die Auflösung und Einrollung des Mikro- und Makrokosmos. Die Bewußtseins-Energie von »M« im Mikrokosmos heißt *prajna*, die des Makrokosmos *isvara*.

Diese drei Laute von OM stellen drei Körper und drei Zustände des mikro- und makrokosmischen Seins dar. Der Buchstabe »A« gibt den grobstofflichen Körper und den Wachzustand wieder. Der Laut »U« stellt den feinstofflichen Körper und den Traumzustand des Seins, der Laut »M« den Kausalkörper und den Zustand des Tiefschlafs, des Todes und der anderen unbewußten Zustände dar.

Diese Laute bestehen aus fünf Hüllen oder *kosa* (Decken). Der Laut »A« besteht aus elementarem *kosa*; der Laut »U« aus *manomaya, pranayama* und *vijnanamaya kosa*: Hüllen des Geistes, des Lebens. Der Laut »M« besteht aus *anand maya kosa* (der Hülle der Seligkeit).

Tafel der Laute von OM

Laut	Körper	Bewußte Energie	Hülle	Zustand
A	grob-stofflich	universales *virat* individuelles *visva*	*annamhi* elementar	Wachen
U	fein-stofflich	universales *sutratman* individuelles *tejasa*	*manomaya prana-maya vijnanamaya*	Traum
M	kausal	universales *isvara* individuelles *prajna*	*anandamaya*	*susupti* Tiefschlaf

Dies ist die Beschreibung der Laute A-U-M in OM aber der vibrierende Teil von OM oder *nadam* ist nicht zu beschreiben und jenseits aller oben genannten Zustände. Niemals hat jemand *nadam* vollständig beschreiben können. Eine vollständige Beschreibung von *nadam* hieße das Unendliche in das Endliche hineinnehmen, was bekanntlich nicht möglich ist.

Beobachte deine Umwelt. In deinem Zimmer nimmst du Zimmeratmosphäre, Raum und *akasa* wahr. In deinem Haus empfindest du dessen Atmosphäre, Raum und *akasa*; in deiner Stadt Stadtatmosphäre, Raum und *akasa*; im Wald Waldatmosphäre, Raum und *akasa*; in den Bergen Bergatmosphäre, Raum und *akasa*; in deinem Heimatland Landatmosphäre, Raum und *akasa*; auf deinem Planeten Erdatmosphäre, Raum und *akasa*. Sie alle aber sind Teil der unendlichen Atmosphäre, des unendlichen Raums und des *akasa*. Ebenso ist *nadam* unendliches Bewußtsein, von dem die durch universale und individuelle Elemente begrenzten Bewußtseinszustände nur Teile und Aspekte sind. Dieses reine Bewußtsein ist ewig, von keiner Begrenzung der manifestierten Natur berührt. Das Bewußtsein, das durch die Elemente der universalen und individuellen Existenz begrenzt ist, kann nicht ohne das unendliche Bewußtsein existieren.

Wir haben schon drei Zustände des OM erwähnt, den

Wach-, Traum- und den Zustand des Tiefschlafs. Dieser ist *nadam* und jenseits der anderen. Darum wird er bildhaft *turiya* (der vierte in der Reihenfolge) genannt. Es ist das transzendentale Bewußtsein, das in Worten nicht auszudrücken und dem materiellen Denken nicht verständlich ist. Da es von allen das höchste ist, heißt es *brahman* (das größte). Es ist jenseits von Bewußtsein und Unbewußtsein. Denn im biologischen Sinn haben diese beiden Zustände des Seins eine begrenzte Bedeutung.

Das transzendentale Bewußtsein ist nicht der inneren Welt bewußt, auch nicht der äußeren, noch beider Welten. Es ist auch nicht beider unbewußt, noch ist es eine Anhäufung von Bewußtsein, auch nicht einfach Bewußtsein oder Unbewußtsein. Die Sinnesorgane können es nicht wahrnehmen, materielles Denken nicht erfassen. Der Gedanke kann es nicht erdenken, Sprache oder Feder nicht beschreiben. Es steht mit keinem Objekt in Beziehung und ist von nichts abzuleiten.

Es ist die wesentliche Natur des bewußten und unbewußten Universums, der Kern des Selbst und die Negation aller Erscheinungen der Natur. Es ist ewiges Sein, ewiges Wissen, ewiger Friede, ewige Seligkeit, das Eine ohne Zweites. Dies besagt *nadam* und *turiya*, das auch *atman* (Selbst) genannt wird. Du mußt es zu deiner Befreiung verwirklichen.

Es ist nicht ein viertes in zahlenmäßiger Bedeutung, sondern vier in bezug auf die drei Zustände des Bewußtseins: Wachen, Träumen, Tiefschlaf, die zu der natürlichen Welt der Erscheinungen gehören. *Nadam* ist der beziehungslose Zeuge der drei Zustände und deshalb das Absolute. Von einer Ortsbestimmung aus wird *nadam* in vier Stadien eingeteilt:

1. Nirvana, der *para*-Zustand, der höchste, der Eine ohne Zweites. Hier gibt es keinen Unterschied zwischen Subjekt und Objekt. Nur zur Befreiung gelangte Yogi können ihn wahrnehmen.

2. *Pasyanti*, der Zustand, in dem das höchste Bewußtsein vollkommen manifestiert ist und das ganze Universum in das universale *nadam* einzugehen scheint. Das gesamte Universum ist mit *nadam* erfüllt.

3. *Madhyama*, wobei der ganze Körper mit *nadam* erfüllt ist, mit dem Pulsschlag des Herzens, der die umgebende Atmosphäre schwingen läßt.

4. *Vaikhari*, die Manifestation von *nadam* im Kopf, hauptsächlich durch einen Schall im rechten Ohr. Alle Buchstaben sind Manifestationen von *vaikhari*.

Der erste Zustand ist unendlich und ewig, der zweite ist universal, der dritte ist der eines fortgeschrittenen Yoga-Schülers, der vierte der eines Anfängers.

Dies ist das Ende der achtundzwanzigsten Unterrichtsstunde. Denke daran, daß *nadam* die Grundlage der Konzentration ist. Vergiß deinen Körper, deine Sinne und deine Gedanken und nimm das große Meer von *nadam* wahr, das überall fließt. Identifiziere dich mit ihm, und du wirst die Bedeutung von *samadhi* verstehen.

Ehe wir mit der nächsten Stunde über *samadhi* beginnen, wiederhole dieses Kapitel, begreife es und meditiere darüber.

Anmerkung: Entsprechend der Entwicklung der Meditation über *nadam* durch die sieben Chakras gibt es folgende Ebenen des Bewußtseins:

Chakra   *Ebene des Bewußtseins*

1. *Bhu*   1. *Manifestiertes nada*

Das alles durchdringende *nadam* manifestiert sich im Selbst-Bewußtsein, und der Meditierende lauscht, als wäre ein fremder Ton in seinem Kopf.

2. *Bhuvah*   2. *Verbindung mit nada*

Wenn man über die Manifestation von *nadam* meditiert und über seine verschiedenartigen Entwicklungen, dann wird dies »*Verbindung mit nada*« genannt. Hier ist der Schüler zeitweilig in *nadam* versunken, doch dies verlangt bewußte Bemühung. Seine Meditation ist weder unbewußt wie im ersten Fall noch immerwährend wie bei *samadhi*, sondern hängt von seiner Willenskraft und der Reinheit seiner Gedanken ab, die sein Selbst-Bewußtsein zur Verbindung mit *nadam* führen. Materielle Anziehung und irrelevante Umstände erzeugen zahlreiche Schwankungen in den Gedanken. *Bhuvah* ist der Zustand der Einweihung.

3. *Swah*   3. *Nada-verrückt*

In den Augen des Durchschnittsmenschen ist dies der Zustand eines Geisteskranken. Aber es besteht ein großer Unterschied zwischen diesem und dem *nada*-Verrückten. Das Bewußtsein des gewöhnlichen Geisteskranken hat nicht vermocht, die Bedeutung der manifestierten Welt zu erkennen, und war nicht gewappnet, sich den Problemen des Universums zu stellen. Er ist völlig gescheitert und in die Bereiche der Halluzination und Täuschung geflohen, weil er der Wirklichkeit entweichen wollte – ein für die Gesellschaft untragbarer Zustand. Der *nada*-Verrückte dagegen hat seine Probleme gelöst und hat kein Interesse an Dingen, die ihn von der Wirklichkeit fortführen. Sein Hauptziel ist die Flucht aus der Unwirklichkeit. Darum wird er *nada*-verrückt genannt. Man erlangt diesen Zustand durch verstärkte Suggestion und durch Kontakt mit weit fortgeschrittenen Yogis und Heiligen. Durch diese Verbindungen werden die Gedanken so weit in den Bereich der Wirklichkeit emporgehoben, daß der Mensch nicht wieder die materielle Ebene berühren mag. Dieser Zustand bedarf der ständigen Führung eines kundigen Meisters.

4. *Mahah*   4. *Versunken in nada*

In diesem Zustand ist man unaufhörlich und ohne Anstrengung in *nadam* versunken. Der Schüler fühlt sich im Meer von *nadam* gleichsam wie ein Schwamm im Meer. *Nadam* ist in und um ihn. So wie ein Mensch Tag und Nacht atmet, sich aber seiner Atmung nicht bewußt ist, so erfährt der Schüler *nadam* ohne irgendeine bewußte Bemühung. In gleicher Weise aber wie der Mensch in einer abnormen Situation seiner Atmung bewußt wird und nach Meisterung der Lage wieder in seine normale unbewußte Atmung zurückfällt, macht der Schüler bei einer unerwünschten und ungünstigen Situation und Diskussion eine bewußte Anstrengung, um *nadam* wahrzunehmen, geht aber zurück in die *nada*-Versunkenheit, wenn die Lage geklärt ist.

5. *Janah*   5. *Berauscht von nada*

Rausch durch Alkohol oder Drogen verschafft ein Gefühl des Wohlbehagens, solange das Rauschgift genügend konzentriert in den Geweben ist.

Der durch Drogen Berauschte fühlt sich glücklich und zeitweilig jenseits von Ursache und Wirkung, Raum und Zeit. Dies aber ist nur vorübergehend, denn mit der Zeit wird der Körper zerstört und entstellt. Das Gift ruiniert natürliche Schönheit, degeneriert Organe und Nerven, verdunkelt den Verstand und kann den Trinker in eine Heilanstalt bringen. Wenn der Rausch von Alkohol oder Drogen vergeht, tritt der sogenannte »Kater« auf. Der *nada*-Berauschte aber ist im ständigen Rausch von *nadam* und bleibt ohne Unterbrechung jenseits von Ursache und Wirkung, Raum und Zeit. Dieser Rausch ist unaufhörlich, wird immer stärker und nimmt niemals ab. Der Körper verjüngt sich, das Bewußtsein erwacht, der Geist wird erleuchtet. Dieser Rausch ist ungetrübt, erneuert sich in seiner Kraft und hört niemals auf.

6. *Tapah*   6. *Vereinigt mit nada*

Wenn Zucker oder Salz mit Wasser vermischt werden, werden ihre Bestandteile ionisiert. Sie lösen sich vollkommen auf und ergeben eine homogene Mischung. Ebenso ist das Selbst-Bewußtsein, wenn es von der materiellen Ebene losgelöst und mit dem universalen *nadam* verbunden wird, mit *nada* vereinigt. Das begrenzte »Ich«, die individuelle Persönlichkeit wird völlig vernichtet und vereint mit der unendlichen Seligkeit, der unendlichen Kraft und dem unendlichen Wissen. Man vergißt das Bewußtsein und das endliche Universum, einschließlich Familie, Freunde, Körper etc. und ist nur des Selbst als *nadam* bewußt.

7. *Satyam*　　　　　*Nirvana oder mit nada identifiziert*
Während auf der sechsten Ebene eine ständige Verbindung mit der Wirklichkeit besteht, herrscht auf der siebenten eine ständige Identität mit der Wirklichkeit. Der Yogi ist nicht nur mit ihr vereint, sondern *ist* Wirklichkeit. Er ist nicht nur vereint mit *brahman*, sondern *ist brahman*. Ebenso wie ein feiner Draht in einer elektrischen Glühbirne mit dem elektrischen Strom identifiziert wird und der Welt Licht gibt, ist auf der siebenten Ebene des Bewußtseins das Selbst-Bewußtsein mit der Elektrizität von *nadam* (*brahman*) identisch und erleuchtet den Geist des Yogi. So wie die Sonne das ganze Sonnensystem erleuchtet, hat der erleuchtete Mensch auf der siebenten Ebene von *nadam* die Fähigkeit, die gesamte Welt zu erleuchten. Deshalb wird er der Welterleuchtende genannt, wenn er diese Ebene erreicht hat.

29 Samadhi

Definition. Wenn die Konzentration ihren Höhepunkt erreicht, diesen höchsten Punkt, der alle Schwankungen und alles Abschweifen der Gedanken zurückhält und das Selbst befreit, damit es seine wirkliche Form erlangt, heißt dies *samadhi* (*sam*, vollkommen; *a*, ganz und für immer; *dhi*, Intuition). Wörtlich bedeutet *samadhi* die volle Manifestation der ewigen und göttlichen Intuition.

Einführung. Samadhi ist die Vorstufe von Nirvana und endet in Nirvana. Vollkommen manifestiert (im Yoga muß Befreiung durch *samadhi* erlangt werden), wird es Yoga-*samadhi* genannt. In dem ekstatischen Zustand von *samadhi* sind die Verbindungen von Körper, Sinnen und Gedanken mit der äußeren Welt abgebrochen, und die innere Welt des Selbst ist geöffnet. Die Seele wird von ihrer zeitlichen, sterblichen, endlichen, bedingten, veränderlichen und unvollkommenen Existenz erhoben in ein ewiges, unsterbliches, unbedingtes, unendliches, immerwährendes und vollkommenes Leben. Das Selbst wird befreit und erlangt Nirvana, ewiges Sein.

Allgemeine Beschreibung. Es gibt zwei Arten von *samadhi*:

1. *Samprajnata:* gleichbedeutend mit *savikalpaka sama-dhi.*
2. *Asamprajnata:* gleichbedeutend mit *nirvikalpaka sama-dhi.*

Samprajnata samadhi (Erleuchtung, der überbewußte Zustand des Geistes). In diesem erreichen Fixierung, Suggestion und Empfindung (*dharana*, *dhyana* und *samadhi*) ihren Höhepunkt. Der Körper ist vollkommen magnetisiert, die Sinne gehen in den Zustand von *yoganidra* ein, der Geist ist erleuchtet, das Selbst erwacht aus seinem langen Schlaf (Unwissenheit). Der Körper empfängt eine ungeheure Kraft, mit der er Gegensätze ertragen kann wie Leid und Belastung, Gefühl und Temperatur, Hitze und Kälte etc. Die wörtliche Bedeutung von *samprajnata* (*sam*, vollkommen; *pra*, hervorragend, ewig; *nata*, Wissen) besagt volle Manifestation der ewigen und göttlichen Intuition. Dies ist der überbewußte Zustand des Geistes. In ihm ist der Denkstoff (*cittam*) vollständig und einseitig auf das Bewußtsein konzentriert und erleuchtet die wirkliche Form der objektiven und subjektiven Welt.

Im *samprajnata samadhi* vollzieht sich die Vereinigung mit dem höchsten Bewußtsein. In diesem Zustand sind Wissender, Gewußtes und der Vorgang des Wissens in vollständiger Weise manifestiert. Das ist die dreifache Verbindung und Vereinigung von drei Flüssen: Ganges, Yamuna und Saraswati (Wissen, *karma* und *bhakti*). Im *samprajnata samadhi* kennt man das Objekt nicht in der Art der Physiologie und Psychologie, sondern kennt es, weil man es selbst ist. Gedanke und Gegenstand des Denkens sind hier vereint. Deshalb sind sie die gleichen. Dies ist die Vollendung von *dharana*, *dhyana* und *samadhi* (Fixierung, Suggestion und Empfindung).

Samprajnata samadhi besteht aus vier Stufen des Denkens:

1. Kraft des Urteils und Fragens: Wenn dieser Denkzustand Raum gewinnt, untersucht man und befragt man alles. Dies ist auf eine andere Weise die Stufe der Neugier. Neugier über das eigene Sein, über die umgebende Welt, wie Sonne, Mond, Erde, Sterne, Planeten etc. Erinnere dich, daß Neugier die Mutter des Wissens ist. Wenn du etwas nicht weißt, bedeutet dies einfach, daß du nicht neugierig auf diesen Gegenstand bist. Neugier beherrscht deine Gedanken 24 Stunden lang. Auch im Schlaf wirst du über das Objekt deiner Neugier träumen.

Es bleibt so lange in deinen Gedanken, bis du die Antwort weißt. Die Neugier des *samadhi* ist nicht individuell, sondern universal. Denn es ist die Neugier, alles zu wissen. Deshalb ist auch eine lange Zeit für die vollkommene Beantwortung und die Vollendung erforderlich. Diese Stufe endet in der zweiten, das heißt bei der Macht des Wissens.

2. Die Macht des Wissens: Bist du wirklich neugierig, etwas zu wissen, dann wirst du dir dieses Wissen erwerben. Die Kraft der Erkenntnis gibt der Neugier die wirkliche Antwort, und der Geist empfängt vollkommenes Wissen. Da Wissen die größte Kraft der Welt ist, spricht man von der Macht des Wissens. Durch diese Macht und durch Unterscheidung wirst du fähig, Wahrheit und Unwahrheit zu erkennen, Wirklichkeit und Unwirklichkeit, Reinheit und Unreinheit, Unsterblichkeit und Sterblichkeit, Recht und Unrecht, Freude und Leid, Wissen und Unwissenheit, Selbst und Nicht-Selbst, Licht und Finsternis etc. Wenn du sie kennst, wirst du dein Leben im Licht des ersten Begriffs des Gegensatzpaares verwandeln und dem zweiten entsagen. Wenn der zweite Begriff, das heißt Unreinheit, Unrecht etc. aus deinem Leben entfernt wird, werden Glück und Frieden in deinen Geist einziehen. Die zweite Stufe des Denkens endet in der dritten, im Zustand der Freude.

3. Die Macht des Friedens und der Freude: Es gibt unzählige Formen von Frieden und Freude, die alle Manifestationen des Selbst sind. Alle materiellen Zustände, die Frieden und Freude bringen, gleichen dem Mond. Denn sie spiegeln das Licht des Selbst wider. Das Selbst aber ist die Quelle und Sonne des ewigen Lichtes von Frieden und Freude. Wenn die Sonne aufsteigt, verblassen elektrische Lichter, Mondlicht und anderes. Gleicherweise verblassen jeder materielle Frieden und alle irdischen Freuden, wenn geistiger Frieden und geistige Freude im Geist aufdämmern.

Die Kraft von Frieden und Freude führt wahrhaft zur Konzentration. Denn Konzentration und Meditation sind bei ruhelosem Denken nicht möglich. Frieden und Freude sind das Ende des materiellen Lebens, weil alle Lebewesen dafür leben. Der wirkliche Grund für Selbstmord ist die Hoffnungslosigkeit, Frieden und Freude in diesem oder dem zukünftigen Leben zu erlangen. Während das irdische Leben zu Frieden und Freude führen soll, geht das geistige Leben gerade von diesem Punkt aus. Darum sind Frieden und Freude eines geistigen Menschen unmöglich zu beschreiben. Die dritte Stufe des Denkens endet in der vierten.

4. Die Kraft der Identität: Identität ist die dem Geist innewohnende Kraft. Während der Körper die Veranlagung zur Vereinigung hat, liegt im Geist das Verlangen nach Identität. Die Hand, die wir geben, das Kleid, das wir anziehen, führen den Körper zur Vereinigung, während das Studium von Wissenschaft, Kunst oder irgendeinem anderen Wissensgebiet den Geist mit diesen identifiziert. Verbindung kann zu jeder Zeit aufgehoben werden, Identität aber ist immerwährend. Wir können Kleider aus- oder anziehen, die gleiche Beziehung besteht aber nicht bei der Identität.

Schulen, Universitäten und unser ganzes Lehrsystem hängen von der Kraft der geistigen Identität ab. Schüler identifizieren täglich ihre Gedanken mit den jeweiligen Themen, und in geraumer Zeit werden sie die geistige Identität beherrschen. Alle akademischen Titel und Diplome sind das Ergebnis dieser Identität.

Wenn jemand nach Sinnenlust und anderen materiellen Wünschen verlangt, dann fühlt er sich nicht getrennt von Begierden und Weltlust, sondern begehrt sie. Wenn man durch verdienstvolle Arbeit seinen Geist angeregt hat, dann fühlt man keine Trennung, sondern fühlt sich selbst erleuchtet. Der Grund liegt in der Identität, die dem Geist innewohnt.

Obgleich dies eine unvergängliche Tatsache ist, die keine Ausnahme kennt, verstehen die Menschen diese psychologische Grundregel nicht. Die vierte Stufe von *samprajnata samadhi* veredelt den Geist durch und durch, um die vollkommene Manifestation der Identität zu erlangen. Im normalen Zustand identifiziert sich der Geist mit der Materie. Aus diesem Grund nennt man ihn materiellen Geist. Im *samprajnata samadhi* identifiziert er sich mit dem Höchsten und wird deshalb Selbst und Geistesfunken genannt.

Technik. Es gibt zwei Arten der Konzentration: die aktive und die passive. Die aktive beginnt mit *dharana, dhyana* und *samadhi* (Fixierung, Suggestion und Empfindung). Ihr Hauptziel ist die Beherrschung der äußeren und inneren Natur von Körper, Sinnen und Gedanken durch Meditation über *nadam.*

Bei der passiven Art werden Körper, Sinne und Gedanken vollständig vergessen. Das Hauptziel ist das Versinken im Meer von *nadam.*

Für die aktive Konzentration sind Kenntnis von Anatomie, Physiologie und Yoga-Psychologie notwendig. Denn ohne Kenntnis der sieben Chakras, der Kundalini und *susumna* ist aktive oder positive Konzentration nicht möglich. Passive oder negative Konzentration ist das Thema von *asamprajnata samadhi.* In diesem *samadhi* bleibt nur das Bewußtsein übrig, in dem das ganze Universum versinkt. In Wirklichkeit gibt es keine aktiv positive oder passiv negative Konzentration. Vom praktischen Gesichtspunkt aus aber ist diese Einteilung äußerst notwendig. Ohne Beherrschung der positiven Konzentration ist die negative schwer oder überhaupt unmöglich.

Anfänger wissen nicht, was Geist, universales Bewußtsein und das Selbst sind. Sie kennen aber ihren Körper, ihre Sinne, ihre Gedanken und ihr individuelles Bewußtsein. Weil ihnen diese bekannt sind, wird Konzentration mit ihrer Hilfe positiv genannt. Konzentration auf das

Höchste ist zu Beginn unwirklich; daher wird sie aus Unkenntnis negative Konzentration genannt. Tatsächlich wird auf späteren Stufen die positive zur negativen und die negative zur positiven Konzentration. Dann nämlich, wenn das gesamte Universum, einschließlich des Körpers, darin aufgeht.

Technik von samprajnata samadhi.

1. Halte Diät und nimm einfache Nahrung zu dir.
2. Erinnere dich in Gedanken an *yamas* und *niyamas*.
3. Suche dir einen Ort, zu dem niemand Zutritt hat, und bringe deinen Körper in eine Lage, aus der er nicht fallen kann.
   Für Abendländer wäre ein bequemer Stuhl sehr vorteilhaft.
4. Übe *dharana, dhyana* und *samadhi* (Fixierung, Suggestion und Empfindung) auf *nadam*.
5. Fixiere deine Gedanken auf die gesamte *susumna* (das zentrale Nervensystem) und sende dem gesamten Körper durch Kundalini (das ganze Nervensystem) Suggestionen. Achte genau auf die Veränderungen und Empfindungen im Bereich des Bewußtseins.
6. Halte den Atem an. Ein- und Ausatmung sollten sehr regelmäßig und langsam erfolgen. Sie dürfen deine Aufmerksamkeit nicht von *samadhi* abziehen. Ist dir das zu schwer, dann vergiß das Atmen vollständig. Nach genügend Übung wird die Atmung regelmäßig sein. Manchmal scheint sie sogar anzuhalten. Hierdurch erfährst du große Freude.
7. Übe allgemeines *pratyahara*, solange dein Körper nicht durch die Kraft von *yoganidra* magnetisiert und dein Geist erleuchtet ist.
8. Durch *pratyahara* wirst du deinen Körper vergessen und ein Meer von Bewußtsein, Licht und Leben um dich und in dir fühlen. Du wirst kaum glauben, daß du einen Körper hast und durch ihn begrenzt wirst.
9. Entspanne den ganzen Körper und denke: »Ich habe

keinen eigenen Körper, sondern bin in jedem.«

10. Laß dich von diesem Zustand nicht erschrecken. Ein neues Bewußtsein wird dir helfen und dich nicht beunruhigen.

11. Sei nicht nervös während der Meditation, sondern habe Glauben, Mut und Würde.

12. Der Gedanke an den Tod und die Vorstellung, daß dein Körper fallen kann, wird die ganze Übung stören. Beunruhige dich nicht über das Sterben. Das ist reine Angst. Noch niemand ist bei der Konzentration auf *nadam* gestorben.

13. Besiege die Angst vor dem körperlichen Fall und dem Tod. Wenn Furchtlosigkeit dein Bewußtsein beherrscht, dann wird der Tod vor dir fliehen, und du wirst das höchste Selbst wahrnehmen, strahlend wie Abermillionen von Sonnen. Mit seiner mächtigen, ursprünglichen Energie leuchtet es durch das gesamte Universum. Es kühlt dein Herz wie die Gesamtheit zahlloser Monde und bringt dir die Botschaft der Befreiung.

14. Der Rest deines Karmas wird von dir genommen. Deine Augen füllen sich mit Tränen, und du erfährst unmittelbar deine vollkommene Identität mit dem höchsten Bewußtsein und der höchsten Natur.

15. Nun erstrahlt dein Gesicht voll Aura und Licht. Du wirst noch eine lange Zeit nach der Konzentration in diesem Zustand verharren und wirst kaum glauben, daß du einen Körper hast. Im Theismus heißt dies: Berauschtsein von Gott. Du erblickst die ganze Welt wie einen Traum. Dies ist der höchste Zustand des Bewußtseins, und alle übernatürlichen Mächte werden kommen, dich zu segnen. Wenn du Vollendung in *samadhi* suchst, dann schenke diesen keine Aufmerksamkeit. Benutze alle übernatürlichen Kräfte, um Natur und Bewußtsein zu verstehen. Sie werden deiner Erkenntnis ein neues Universum öffnen. Gebrauche sie, aber treibe niemals Mißbrauch mit ihnen.

In diesem Zustand von *samprajnata samadhi* verfügst du über Kräfte, die das Natürliche überschreiten, aber du hast noch alle Eindrücke materieller Freude in deinen Gedanken. Von Zeit zu Zeit werden sie dich ernsthaft angreifen. Bist du nicht wachsam, wirst du deine Übungen aufgeben und herabstürzen von diesem hohen Thron des himmlischen Königreichs. Die Eindrücke überfallen dich wie Dämonen und Satan. Deine eigene Natur scheint gegen dich zu stehen. Sei achtsam und beherrsche diesen Dämon. Nimm deine ganze Zuflucht zu *nadam*. Vergiß alles andere und beherrsche *nadam*.

Hege keinen Stolz, weil dieser deinen ganzen Sieg vernichten kann. Sieg gebührt nicht deiner Bemühung, sonnern *nadam*. Sei dem Höchsten dankbar für deinen Sieg, und wenn du Fehler machst, überprüfe sorgfältig deine Übungen. Gib acht, daß du nicht noch einmal in deinem Leben diese Fehler wiederholst.

Es sind noch Eindrücke in deinem Bewußtsein. Darum wird dieses *samadhi: sagija samadhi* genannt, das *samadhi*, in dem die Samen des Karma und der Begierden noch gegenwärtig sind. Wenn du sorgfältig übst, wirst du alle Schwierigkeiten besiegen.

Dies ist eine Zusammenfassung von *samprajnata samadhi* für Anfänger. Es gibt noch zahllose andere Methoden. Du wirst sie alle kennenlernen, wenn du in der Praxis Fortschritte machst. Diese Methode wird deine Gedanken führen.

Die Intuition, die in *samadhi* gewonnen wird, ist etwas anderes als das Wissen, das durch Sinneswahrnehmung, durch Ableitung und schriftliche Zeugnise gewonnen wird. Denn diese Intuition durchdringt alles, breitet sich überall aus und schenkt dem Yogi Kraft der Allwissenheit, der Allgegenwart und Allmacht. Ihr Gegenstand ist konkrete Wirklichkeit, nicht nur eine allgemeine Vorstellung. Sie hat die Macht, das Objekt in das Subjekt umzuformen, wodurch der Yogi das Objekt aus nächster Nähe erkennt.

Wenn das *satva* von *buddhi*, dessen Wesen Licht (*prakasa*) ist, vom Dunkel der Unreinheit befreit ist, beginnt es unaufhörlich einen ständigen klaren Fluß von Intuition zu projizieren, der im *samadhi* nicht von *rajas* und *tamas* beherrscht wird. In diesem, dem Denken überlegenen Zustand erlangt der Yogi innere Ruhe (*adhyatma prasada*) und einen gewaltigen magnetischen Strom von *sphotam* (*nadam*). Dank der Kraft dieser Intuition wird alles, was du sagst oder voraussagst, wahr. Darum wird sie wahrheittragende Intuition (*ritambhara prajna*) genannt. In ihr gibt es auch nicht eine Spur von Mißverständnis.

Bei grobstofflicher Wahrnehmung erkennen die Sinne das Objekt mit Hilfe des Bewußtseins. Deshalb ist diese Wahrnehmung begrenzt, mittelbar und durch die Sinne gefärbt. In der Intuition von *samadhi* aber durchdringt das Bewußtsein unmittelbar die Gegenstände, und die Sinne hören auf zu arbeiten. Diese Wahrnehmung ist unmittelbar und direkt. Mit anderen Worten: Alles Wissen und alle Wissenschaft sind das Ergebnis von Sinneswahrnehmungen, während *prajna* (Intuition des *samadhi*) das Ergebnis der außersinnlichen Wahrnehmung ist. Sie heißt auch »höhere Wahrnehmung« (*param pratyaksam*). Es ist die Schau mit der Seele, während die körperlichen Augen geschlossen sind. Wenn einmal diese Intuition erwacht ist, löschen ihre Eindrücke und Visionen alle anderen Eindrücke aus.

Die Erfahrung von *samadhi* ist unaussprechlich. Man hat kein Bewußtsein mehr von Körper, Sinnen oder Gedanken. Man weiß, daß man alles hat, was man sich wünscht. Der Bewußtseinszustand ist erreicht, in dem es keine Enttäuschungen mehr geben kann, und man wäre nie bereit, diese Seligkeit gegen irgend etwas zu vertauschen.

In allen organischen und nichtorganischen Wesen lebt eine wunderbare geheime Macht, die jedes Lebewesen befreien, das Selbst vom materiellen Leben zurückführen und das Ewige in jedem Wesen in der Gestalt des Unverständlichen entdecken kann. Der menschliche Körper hat ein besonderes Anrecht auf diese Kraft. Alle heiligen Schriften sind nur mitgeteilte Erfahrungen von Suchenden. Die ausschließliche Erfahrung von *samadhi*, von der alles abhängt, was du von der übernatürlichen und übersinnlichen Welt weißt, ist die Manifestation des Selbst in das Selbst. Diese Erfahrung von *samadhi* zeigt dem Suchenden zum erstenmal, was wirkliches Sein ist, während alles andere nur scheinbare Wirklichkeit ist. Sie unterscheidet sich von jeder Darstellung der Sinne durch vollkommene Freiheit. Alle anderen Darstellungen sind gebunden und vom Objekt belastet. Man erfährt diese Erfahrung, wenn man Körper, Sinne und Gedanken beherrscht, wenn man sie völlig vergißt und das eigene Selbst mit dem höchsten identifiziert.

Auf dieser Stufe hebt der Suchende Zeit und Raum auf. Er lebt nicht mehr in der Zeit, sondern Zeit und Ewigkeit sind in ihm. Diese Erfahrung ist nicht persönlicher Besitz irgendeines Landes oder Menschen. Sie ist universal. Jeder und alle können sie fühlen, wenn sie dazu bereit sind. Aus ihr entspringen höchste Freude und Unsterblichkeit. Aber größte Opfer werden verlangt im materiellen und vergänglichen Bereich. Dies ist eine kurze Einführung in *samprajnata samadhi*, das du durch Übung erreichen kannst.

Asamprajnata samadhi. Samadhi ist keine einfache Erfahrung, sondern ist unendlich und nicht auszudrücken. Es ist eine Folge von geistigen Stufen, die immer verschiedenartiger und bewußter werden, bis sie zuletzt im *asamprajnata samadhi* eingehen. Dieses bedeutet vollkommene und für immer gültige Aufhebung des Dualismus (nicht *samprajnata*, Kenntnis der Dualität). Es wird Nirvana, das Eine ohne Zweites genannt. Hier gibt es kein gesondertes Gefühl von Geist und Stoff, Selbst und Nicht-Selbst, Bewußtsein und Unbewußtsein. Dies ist eine solch positive Erfahrung, daß alle anderen darin versinken, ein solch weites Meer der Ewigkeit, daß das gesamte Universum dagegen einem Körnchen Salz gleicht. Salz sucht das Meer auszumessen und kehrt niemals in seinen stofflichen Zustand zurück. Hier gibt es kein Selbst und kein Nicht-Selbst mehr. Diese wunderbare Erfahrung ist nicht durch Zunge oder Feder auszudrücken. Es ist *anatm vada* des Buddhismus und vollkommene Selbstunterwerfung im Theismus. Wir können nicht sagen, dies sei Gott, weil Gott ein relativer Begriff ist, der ohne Universum keinen Sinn hat. Hier aber besteht kein Universum. Wir können auch nicht sagen, es sei das Selbst, weil der Begriff Selbst ohne Nicht-Selbst keine Bedeutung hat. Hier aber gibt es kein Nicht-Selbst. Es ist weder Gott noch Nicht-Gott, weder Selbst noch Nicht-Selbst, weder Bewußtsein noch Nicht-Bewußtsein, sondern der Zustand, der »alles in allem« ist, allmächtig, allwissend, allgegenwärtig.

Asamprajnata ist die Konzentration, in der alle materiellen Eindrücke aus den Gedanken entfernt sind, und der Geist ohne Gedankenwellen in seine alte Herrlichkeit zurückkehrt, der Zustand von ewigem Frieden und Glück.

Jeder verfügt über diesen Zustand, ob er es weiß oder nicht. Wenn er dem Menschen bewußt wird, vergißt dieser alles und fühlt sich glücklich. Im irdischen Leben wird dieser Zustand Tiefschlaf genannt. Er beseitigt alle physischen und geistigen Erschöpfungen, Sorgen etc. und gibt körperliche und geistige Kraft. Im geistigen Leben spricht man von Nirvana, das Befreiung und geistige Kraft ist. Hier besteht kein Raum für persönliche Fürwörter wie: ich, du, er, sie, es etc. Alles ist das, was es ist. Übung allein wird dir die wirkliche Antwort darauf geben. Die heiligen Schriften und überlieferten Erfahrungen sollen dich nur anregen. Sie sind Führer zu »diesem«.

Asamprajnata samadhi ist Subjekt der passiven oder negativen Konzentration. Das heißt, es wird nur durch die Kraft des Geistes erlangt, der als unendliche negative

Macht dargestellt wird. Dabei sind Fixierung, Suggestion und Empfindung der äußere Teil der Konzentration. Sie sind nicht innerlicher Teil des *asamprajnata samadhi*.

In *asamprajnata samadhi* gleicht der Yogi einem bewegungslosen Meer. Dies ist göttlicher »Wahnsinn« und die Quelle aller Kräfte im Universum. Es ist der höchste und tiefste Zustand des Glücks, des Friedens und der Segnung, in dem die Intuitionen in ihrer Vollendung offenbar werden.

Jede Seele ist ihrer Anlage nach göttlich und hat ewiges Sein, Wissen und Seligkeit als Möglichkeiten in sich. Durch das Hin- und Herwandern der Gedanken hat sie ihre Herrlichkeit und die Kraft der Allwissenheit, der Allmacht und Allgegenwart verloren. Unsterblichkeit leidet an Sterblichkeit, das Unendliche ist endlich geworden. Dank der strengen Zucht von *asamprajnata samadhi* wird Unwissenheit zerstreut, die unendliche Natur der Seele enthüllt, und die Seele gewinnt die Kräfte der Allwissenheit, Allgegenwart und Allmächtigkeit zurück. Wenn die äußere und innere Natur des Denkens von *samadhi* kontrolliert wird, offenbart sich die Göttlichkeit der Seele in Vollkommenheit. Visionen und Stimmen werden im Yoga als oberflächlicher Zustand der Konzentration angesehen, in dem sie der Anfänger als Offenbarung des schöpferischen Geistes in sich selbst empfängt. *Samprajnata* und *asamprajnata samadhi* sind die höchsten Stufen der Erleuchtung, in denen man nicht nur Visionen erblickt, sondern selbst Schau wird. Das heißt: Vereinigung und Identifizierung mit dem Höchsten ist jeweiliges Ergebnis dieser beiden *samadhis*. Da die Beschreibung des höchsten Bewußtseins und der höchsten Natur jenseits von Wort und Schrift ist, übersteigen die beiden *samadhis* jede Darstellung. Diese ist Thema des Geistes. Er hat sie gesehen, hat aber leider keine Zunge, um darüber zu sprechen. Wohl hat die Zunge die Kraft der Rede, aber sie hat bedauerlicherweise niemals etwas gesehen.

Beurteile die beiden *samadhis* in ihrer Glaubwürdigkeit nicht nach Philosophie, Verstand, Logik und anderen Wissenschaften, sondern nimm sie in der Praxis wahr. Sie warten auf dich und werden vom Licht der Erfahrung beurteilt. Die Philosophie beginnt dort, wo das Materielle aufhört. *Samadhi* geht von dem Punkt aus, an dem die Philosophie endet. Das Ende der Physik ist Anfang der Metaphysik oder Philosophie, und das Ende der Metaphysik ist Beginn des Yoga-*samadhi*. Yoga erkennt nichts Materielles ohne Übermaterielles an und umgekehrt nichts Metaphysisches ohne Physis. Yoga-*samadhi* ist die wunderbare Brücke über das Meer des Todes, der Krankheiten und der Leiden. Metaphysik und Physis sind dabei die schützenden Seitenpfeiler. Vielleicht würde ohne diese Pfeiler das Fahrzeug der Konzentration seitwärts in das Meer des Todes stürzen.

Asamprajnata samadhi besteht aus zwei Hauptteilen:

1. Beherrschung der materiellen Welt (*bhava pratyaya*). In dieser Einteilung gewinnt der Yogi durch seine geistige Kraft Herrschaft über die materielle Welt. Wenn er aber die geistige Kraft vernachlässigt, wenn er sich auf das Spiel mit der materiellen Welt einläßt, oder wenn er nicht völlig ungebunden ist oder die Übungen nicht ausführt, kann er wieder in die Welt zurückfallen. Auf dieser Stufe gibt es eine teilweise Befreiung.

2. *Upaya pratyaya*. Die Beherrschung des individuellen Bewußtseins und des individuellen Geistes durch die Kraft des universalen Bewußtseins wird durch Entwicklung der folgenden Verhaltensweisen erlangt:
   a. Höchster Grad von Loslösung von materiellen Dingen.
   b. Äußerstes Vertrauen in die Kraft der Gedanken und des Geistes.
   c. Höchster Grad an Energie und Begeisterung für die Übung des *samadhi*.
   d. Wachsamkeit, stetes Gedenken an geistige Kraft.

e. Entwicklung der Unterscheidungskraft durch den höchsten Grad der Intuition. Sie läßt einen die Dinge sehen, wie sie wirklich sind.

f. Stärkste Hingabe an den Lehrer und das Höchste (*nadam*).

g. Achtung und Liebe für alle Lebewesen.

h. Beständige Übung von *samadhi*.

Diese wenigen Möglichkeiten sollen die Entwicklung des *asamprajnata* aufzeigen. Es gibt zahllose Weisen, die du deiner Verfassung und Notwendigkeit entsprechend anwenden kannst.

Beide Stufen von *asamprajnata* können auf folgende Art festgelegt werden:

1. Das Beherrschen des gesamten Universums durch die Kraft der Gedanken wird *bhava pratyaya* genannt. Hier steht alles unter Kontrolle mit Ausnahme der Gedanken. Darin liegt die Gefahr, von dieser Stufe wieder herabzufallen.

2. Die vollkommene und vollendete Beherrschung des Bewußtseins durch Gedankenkraft wird *upaya pratyaya samadhi* genannt. In diesem *samadhi* ist es nicht notwendig, das gesamte Universum gesondert zu beherrschen, weil dieses eine Teilmanifestation des Geistes ist.

Upaya pratyaya asamprajnata samadhi heißt Nirvana. Es ist das höchste und letzte Ziel des menschlichen Lebens.

Die Technik von *asamprajnata samadhi*. Erinnere dich an die passive Art der Konzentration, die Selbstkontrolle durch die Kraft des Selbst oder die Beherrschung des individuellen Bewußtseins durch die Kraft des höchsten Bewußtseins bedeutet.

1. Bringe deinen Körper in eine bequeme Stellung, damit er nicht fallen kann.

2. Beherrsche zuerst *samprajnata samadhi*.

3. Vergiß deinen Körper, deinen Namen und deine individuelle Existenz.

4. Denke unaufhörlich: »Ich bin *brahman*. Ich bin das Höchste. Das ganze Universum ist das Höchste. Ich bin ungeboren und ewig. Ich erleide keinen Tod. Ich bin Ewigkeit, ich bin Frieden (*sivoham*). Ich bin ewige Existenz, Wissen und Seligkeit. Ich manifestiere und beschütze das Universum. Ich bin Ursache der Auflösung des Universums. Zahllose Sonnensysteme werden durch mich offenbar. Durch alle Körper wirke ich. Ich habe keine vergänglichen Sinne, keinen sterblichen Körper und keine Seele, keinen Geist, die sterblich sind. Ich bin ohne Tod und ohne Geburt. Alle organischen und unorganischen Wesen sind meine Form. Ich habe keinen individuellen Körper, keine individuellen Sinne, keinen individuellen Geist und keine individuelle Seele. Das gesamte Universum ist ein Wachtraum.

Es gibt nichts außer *brahman*. *Brahman* ist das Eine ohne Zweites und hat ewiges Sein und Seligkeit – und das bin ich.«

5. »Ich kenne weder Tod noch Furcht, keine Unterscheidung von Kaste, Glauben, Hautfarbe oder Land. Ich habe weder Vater noch Mutter, noch Mann oder Frau, noch Kinder, Freunde oder Feinde. Ich bin ewiges Bewußtsein. Ich bin Shiva. Ich bin Shiva.«

Dies sind einige Weisen von *asamprajnata samadhi*. Im Verlauf deiner Übung dieses *samadhi* wirst du zahllose andere finden.

Vergleich zwischen *samprajnata* und *asamprajnata samadhi* ergibt: Konzentration auf das Höchste durch Analyse und Synthese des Universums und des Geistes ist Teil von *samprajna samadhi*. Konzentration auf *brahman* durch die Kraft von *brahman* ist Teil von *asamprajnata samadhi*. *Samprajnata samadhi* ist positive Konzentration, *asamprajnata samadhi* negative. *Samprajnata samadhi* trägt noch in sich den Samen künftiger Geburt, während *asamprajnata samadhi* keine weitere Geburt in sich birgt. In *samprajnata samadhi* werden Geburt und Tod durch die Natur kontrolliert, im *asamprajnata samadhi* hat das befreite Selbst volle Freiheit, in jeder Form sich zu inkarnieren. Das Selbst hat volle Freiheit, alles zu tun. *Sabija madhi* (*asamprajnata samadhi*, *samadhi*, das alles Karma Kraft der Einsicht gibt, wird als Sprungbrett zu *nirvija samadhi* (*asamprajmata samadhi*, *samadhi*, das alles Karma besiegt) angewendet.

Im *samprajnata samadhi* gibt es noch einen Rest von Möglichkeiten, in *asamprajnata samadhi* aber sind alle Reste von Eindrücken vernichtet. *Samprajnata samadhi* ist die Vereinigung mit Gott, *asamprajnata samadhi* aber ist Gottwerdung.

Ehe du nicht den Zustand von *samadhi* erreicht hast, ist deine Bemühung zur Befreiung negativ. Erst wenn das Wesen von *purusa* (Bewußtsein) durch die Kraft der Unterscheidung von *prakriti* ganz genau erfaßt wird, manifestiert sich das positive Wesen des Geistes selbst. Diese Manifestation des höchsten Bewußtseins auf seiner eigenen Ebene jenseits aller Verwechslung mit *prakriti* (Natur) ist der höchste Zustand von *samadhi*. Hier hören alle Möglichkeiten der Verwirrung auf. Eine zureichende Beschreibung von *samadhi* kann nicht gegeben werden, denn sobald wir unseren Mund öffnen, um zu sprechen, oder eine Feder in die Hand nehmen, um zu schreiben, sind wir nicht in *samadhi*. Wir gleichen einem Schwimmer in der Tiefe des Meeres. Solange er dort ist, kann er seiner Freude nicht Ausdruck geben, aber wenn er auf die Oberfläche kommt, um dies zu tun, dann ist er nicht mehr in der Tiefe. *Samprajnata samadhi* ähnelt dem Schwimmen auf der Oberfläche des Meeres, *asamprajnata samadhi* aber gleicht dem Schwimmen in der Meerestiefe des Bewußtseins.

Lerne Yoga durch Yoga kennen. Yoga wird durch Yoga offenbar. Wer Yoga wirklich ernst nimmt, bleibt immer darin.

Samadhi ist eine Stufe, die nur wenige erreichen, und

fast niemand kann lange Zeit darin bleiben. Es wird durch die Ansprüche des Lebens unterbrochen. Darum heißt es, daß die endgültige Befreiung ohne die Gnade des höchsten Lehrers nicht möglich ist.

Dies ist das Ende der fünfundzwanzigsten Unterrichtsstunde. Lies sie, begreife sie und übe sie.

30 Unsere Tagesgeschäfte und Yoga

Ist es möglich, durch Yoga und *samadhi* Erfolg im persönlichen und geschäftlichen Bereich zu bekommen? Auf diese
wichtige, verwirrende und verblüffende Frage soll ernsthaft eingegangen werden, da es viele Antworten gibt. Einige behaupten, Yoga *samadhi* sei in unserem modernen
Zeitalter, vor allem in überfüllten Städten, nicht möglich.
Ihrer Meinung nach muß Yoga *samadhi* in einer abge-
schiedenen ländlichen Gegend geübt werden. Andere sind
der Meinung, man solle auf alles verzichten, einschließlich
Frau, Mann, Kinder, Besitz und Geschäft, um Erfolg in
Yoga zu erlangen. Von einigen Philosophen hört man,
Yoga sei ein System übermenschlicher ethischer Anfor-
derungen und deshalb einem gewöhnlichen Menschen nicht
zugänglich.

Wir wollen diese und ähnliche Fragen über die Yoga-
Übungen kritisch prüfen. Wenn es nicht möglich ist, durch
Yoga persönlichen und geschäftlichen Erfolg zu erlangen,
dann ist es nur eine Nebenbeschäftigung und eine Luxus-
Angelegenheit, die keiner ernsthaften Aufmerksamkeit
bedarf und ihrer auch nicht würdig ist.

Bevor wir diese Fragen beantworten, wollen wir zuerst
die Bedeutung von »persönlichem und geschäftlichem Erfolg« erörtern, einschließlich ihrer weitreichenden Folgen.
Wenn persönlicher und geschäftlicher Erfolg Halsabschnei-
den, Hypnotisieren durch eine scheinheilig freundliche
Konversation – wie dies heute allgemein geschieht – oder
das Füllen der eigenen Schatzkammer ohne Rücksicht auf
andere bedeutet, dann ist Yoga wirklich nicht das rechte
Instrument für solche Menschen. Will man das eigene We-

sen nicht verbessern oder, im Gegenteil, Yoga nur als ein göttliches Werkzeug zur Erraffung materieller Güter betrachten, dann sollte man Yoga aufgeben.

Yoga bedeutet nicht Verzicht auf persönliches Leben und Geschäft, sondern Verzicht auf die üblen Vorstellungen, die angeblich damit Hand in Hand gehen. Leben, Geschäft, Ehe, Kinder sind Teil des göttlichen Lebens. Darum sind sie kein Hindernis im Yoga. Werden sie aber nicht als Teil des göttlichen Lebens angesehen, sondern allein als Ausdruck des animalischen Lebens, dann steht Yoga tatsächlich gegen eine solche Verbindung. Yoga lehrt das Überethische des Lebens, den Weg, der zur Vollendung führt. Den Anfänger lehrt es den praktischen Weg geistiger Konzentration, die Rahmen und Struktur der ethischen und moralischen Wissenschaft ist. Durch diese Yoga-Praxis erreicht man allmählich den höchsten Zustand des Lebens, der die Fähigkeiten des gewöhnlichen Menschen übersteigt und deshalb die überethische Lebensweise genannt wird.

Junge und Alte, Wissenschaftler und Laien – kurz, jeder kann Yoga üben, und zwar an jedem beliebigen Ort, vorausgesetzt, daß dieser ruhig und friedlich ist. Yoga stellt nur eine Bedingung für die Konzentration, das ist Ruhe. Alles, was dem geistigen Frieden dient, ist für Yoga notwendig. Denn ohne diesen ist Meditation nicht möglich.

Wenn du wirklich erfolgreich in deinem persönlichen Leben, im Geschäft oder auf irgendeinem Lebensweg werden willst, muß die geistige Konzentration durch die Yoga-Lehre verstanden und beherrscht werden. Lerne die Kraft, dein eigenes Unterbewußtsein zu beeinflussen, dann wirst du dich darüber wundern, wie sich in kurzer Zeit deine geistige und körperliche Entwicklung verändert, und du wirst merken, daß andere in positivem Sinn von deiner Persönlichkeit beeinflußt werden. Liebenswürdigkeit und ehrliches Verfahren werden deine Geschäfte verbessern, wenn sie auf Wahrheit beruhen. Wahrheit ist die Grundlage eines idealen Geschäftslebens. Sicher handeln einige Menschen so, als wollten sie betrogen werden; sie wollen die Wahrheit nicht glauben, wenn sie nicht ausgeschmückt wird, aber du solltest nicht auf die Wahrheit verzichten, um solche Menschen zu befriedigen. Geschäfte sind von größtem Nutzen für nationale und internationale Entwicklung. Dennoch haben sie zwei Aspekte: einen destruktiven und einen konstruktiven. Werden sie mißbraucht, dann zerstören sie den einzelnen, die Gesellschaft und nationale wie internationale Beziehungen. In göttlichem Dienst und zugleich praktisch genutzt, sind Geschäfte konstruktiv. Du solltest dich zu deinen geschäftlichen Partnern und Kunden wie zu eigenen Familienmitgliedern verhalten. Ihr Wohlergehen ist das deine. Das ist das Geheimnis guter Geschäftsführung. Du mußt wirklich in allen deinen Beziehungen guten Willen an den Tag legen. Dann wirst du fröhlich, und deine Arbeit wird Tag für Tag diese Haltung widerspiegeln. Fehler machen oder in geschäftlichen Dingen falsch handeln, ist nichts Ungewohntes. Es ist etwas Alltägliches und kein Verbrechen, wenn du bereit bist, die richtige Arbeitsweise zu lernen und dich zu korrigieren. Achtsamkeit vermag viel. Sie wird Wach-Suggestion genannt. Wenn du diese übst, wirst du dich selbst und deine Arbeitsleistung steigern. Manchmal wirst du zu falschem Tun gezwungen. Es scheint, als könntest du nicht anders und würdest zum Unrecht gezwungen. Die Antwort darauf ist sehr einfach: Dein Bewußtsein ist nicht wachsam. Du bist zu träge, um dich zu bessern und bist gleichgültig gegenüber verantwortlichem Verhalten. Deshalb reagiert dein Bewußtsein negativ gegenüber den Wach-Suggestionen, und du verlierst die positive geistige Kraft. Damit schaffst du dir und deinen Mitmenschen Schwierigkeiten. Wenn du deine Angelegenheiten ohne dieses wache Bewußtsein führst, säst du den Samen für weitere Unordnung in deinem unmittelbaren Leben und in deiner weiteren Umwelt.

Du hast eine drahtlose geistige Telegraphie, eine geistige Sendestation in dir, durch die du deine Gedanken überträgst. Darum solltest du niemals schlechte Gedanken senden. Dadurch zerstörst du nicht nur dein eigenes Wohlergehen, sondern auch das deiner Mitmenschen, seien es Kunden oder Mitarbeiter. Alles dreht sich in einem Kreis; nichts verläuft in gerader Linie. Was du auch übermittelst, kommt wieder zu dir zurück, um den Kreis zu schließen. Wenn es nicht zu dir zurückkehrt, wird der Kreis nicht geschlossen, oder er wird durch schlechte Gedanken geschlossen; dann ist Zerstörung gewiß. Du mußt deiner eigenen geistigen Kraft voll bewußt werden, wenn du Gedanken übertragen willst, und du muß begreifen, daß gleiche geistige Spannung und Willenskraft im Unterbewußtsein anderer vorhanden sind. Du mußt diese Kraft täglich einsetzen, da sonst dein Glück zerstört werden kann. Yoga lehrt dich, daß du dein Ziel durch positive Anwendung dieser Kraft erreichen kannst.

Die ersten beiden Stufen von Yoga, *yama* und *niyama* – das Bestreben, geistige Kräfte und Regeln zu beherrschen –, sind Grundlage der Yoga-Praxis. Du solltest *ahimsa* üben (anderen keinen Schaden zufügen, Gewaltlosigkeit, Wahrhaftigkeit, Ehrlichkeit, Schutz der hormonalen und vitalen Körperkräfte durch Enthaltsamkeit und kein Horten von Geld für selbstsüchtige Zwecke). Nicht das Bankkonto schafft Sorgen, sondern die Einstellung dazu und die Ziele, wenn man sich nicht verantwortlich fühlt, anderen zu dienen. Geld sollte sorgfältig verwaltet werden, um dir selbst und der Gesellschaft dienstbar zu sein und nationale wie internationale Interessen zu wahren. Wird das Bankkonto nur zu persönlichem Nutzen verwandt – auch wenn du hierzu rechtmäßig befugt bist –, dann ist dies vom Yoga-Gesichtspunkt aus größte Sünde. Die heutige politische Rastlosigkeit und die Kriege sind Beispiele für diese falsche Denkart. Wenn man genießt, während neunundneunzig Menschen leiden, dann können wir keine wirklichen demokratischen Verhältnisse schaffen. Wir sollten also, kurz gesagt, nichts für uns selbst horten, niemandem Schaden zufügen, nicht lügen, nicht stehlen, unkeusch oder geizig sein. Die Haupttugend ist *ahimsa*, die alle anderen Tugenden beherrscht. Das heißt nicht nur: keinen Schaden zufügen, nicht gewaltsam sein, sondern ebenso: nicht hassen. Enthaltung von jeglicher Bosheit gegenüber allen lebenden Wesen zu jeder Zeit wird *ahimsa* genannt. Nicht Schaden zufügen, Wahrhaftigkeit, nicht stehlen, Enthaltsamkeit und kein Geld sammeln für persönliche Befriedigung – diese fünf Eigenschaften heißen *yamas*. Wer seine Gedanken beherrschen und Vollendung erreichen will, muß die fünf *yamas* befolgen. Dies ist das Bestreben, Bewußtsein und Gedankenwellen zu beherrschen.

Reinheit, Zufriedenheit, Einfachheit, Studium von Yoga-Schriften, Ausbildung des Körpers werden *niyamas* genannt. Das Einhalten der *niyamas* verwirklicht die Absicht, die Gedanken zu beherrschen und die Denkkraft zu stärken.

Im folgenden sind vier Wege angegeben, um geistigen Frieden und Glück zu erlangen:

1. Freundschaft und Kameradschaft mit denen, die Freiheit erlangt haben, weil diese wahres Glück kennen.
2. Sympathie und Erbarmen mit denen, die an geistigen und körperlichen Krankheiten oder unter anderen Umständen leiden.
3. Fröhlichkeit und Freude mit den Guten, Tugendhaften und Rechtschaffenen.
4. Unerschütterlichkeit und Gleichmut gegenüber denen, die Schlechtes denken.

Diese vier Wege bringen, wenn sie Teil unseres Lebens werden, Gelassenheit (*cittam prasadanam*). Man sollte frei von Eifersucht und Haß und nicht gefühllos gegenüber den Leiden anderer Menschen und Nationen sein. Hasse die Sünde, aber sei freundlich zu den Sündern.

Die Grundregeln des Yoga sind vollkommen und kennen keine Ausnahme. »Töte nicht« ist ein kategorischer Befehl von Yoga. Wir dürfen selbst nicht daran denken, jene zu töten, die gegen uns sind, Gotteslästerer, Abtrünnige von Religionen oder Regierungen. Die *yamas* und *niyamas* sind von allgemeiner Gültigkeit. Sie kennen keine Ausnahme von Kaste, Glauben, Hautfarbe, Land und Lebensumständen. Die Menschen, die des höheren Lebens der Meditation und Konzentration teilhaftig sein wollen, müssen ihnen unbedingt folgen.

Damit dir das gelingt, mußt du dich an folgende zwei Punkte halten: Zuerst darf es dich nicht bekümmern, wenn du in irgendeinem Lebensabschnitt nicht erfolgreich bist. Zum zweiten aber befolge sorgfältig die folgenden beiden Anleitungen zum Heil.

1. *Übung:* Sie besteht aus
   a. langer, beständiger Bemühung um Konzentration
   b. regelmäßigem Leben
   c. großer Liebe und großem Vertrauen
   d. festem Entschluß zur Schulung

2. *Vairagyam:* Ungebundenheit und Entsagung. Entsagung bedeutet nicht, daß man auf Familie, Heim, Land, auf ein soziales und internationales Leben verzichtet und zur Übung der Konzentration in einen Wald oder auf einen Berg geht. Es bedeutet vielmehr Forträumen von Hindernissen, Unzulänglichkeiten und den Gewohnheiten des Denkens, die dem höheren Leben und der Konzentration Schwierigkeiten in den Weg legen. Dunkelheit und Licht, Nacht und Tag können nicht zusammen auftreten. Schlechte Gewohnheit und böse Neigungen gleichen Dunkelheit und Nacht. Man muß ihnen um höherer Vollendung willen ausweichen. Würde Entsagung Verzicht auf Familie, Heim, Land und Gesellschaft bedeuten, und ein Leben wie Bettler, Mönche, Swamis führen, dann wäre jeder armselig, und Bettler und Räuber würden die Welt regieren. Die Aufrechterhaltung von

weltlicher Wohlfahrt wäre nicht möglich. Diese sogenannte Entsagung ist nur ein Klimawechsel, nicht aber
wirklicher Verzicht.

Verzicht bedeutet das Ausräumen geistiger Schwächen
und Hindernisse. Wenn du nicht den festen Entschluß ge-
faßt hast, deine Gedanken zu bessern, dann würde dir sogar der Verzicht auf die ganze Welt nichts helfen. Bedeutet Entsagung der Welt einen völligen Verzicht, bleibt
nur der Tod übrig. Dies aber ist glücklicherweise nicht der
Fall. Jeder versucht, den Tod zu bezwingen.

Es besteht ein großer Unterschied zwischen Klimawechsel und Entsagung. Zweifellos hilft der »Klimawechsel«,
wenn er in rechter Weise geschieht, man darf aber nicht
vergessen, daß die Gedanken um das Selbst kreisen und
das Denken daher veredelt werden soll.

Niemand kann vollständig auf die ursprünglichen Bedürfnisse des Lebens, wie Nahrung, Kleider, praktische
Gegenstände etc., verzichten. Ob man Mönch, Affe, Swami
oder Bettler ist, man muß seine elementaren Bedürfnisse
erfüllen. Deshalb soll man sorgfältig den Sinn von Entsagung bedenken. Wenn man z. B. eine schlechte Atmosphäre im eigenen Heim, im Vaterland, in der Gesellschaft
verursacht und deshalb der Welt entsagt und Zuflucht im
Gebirge sucht, kann in diesem Fall die Einsamkeit vor
der Vergeltung schützen. Das ist aber keine Entsagung. Es
herrscht große Verwirrung über die Bedeutung der Entsagung.

Entsagung ist die geheime Waffe des Yoga und stammt
aus geistiger Entwicklung. Je mehr Erleuchtung wir in der
Praxis erlangen, um so mehr überwinden wir unsere
Schwächen. Entsagung steht im Verhältnis zur Stärke unserer Konzentration. Man versteht sie allmählich, bis man
in der Lage ist, die ganze materielle Überlagerung unserer
Gedanken zu entfernen.

Zum Verzicht auf schlechte Neigungen und Angewohn-
heiten sind die folgenden Übungen anzuwenden:

1. *Pratipaksa bhavanam:* Denke an Gegenkräfte gegen Böses.
2. Lautes Aussprechen von OM.
3. Atemübungen, vor allem Anhalten der Atmung.
4. Fasten, sorgfältiges Einhalten von Diät, Prüfung des Verhaltens und Umgangs.
5. Nicht träge sein, alles studieren, was dein Verständnis erweitert.
6. Betrachten der Welt als Wachtraum.
7. Lektüre von Biographien Erleuchteter.
8. Übung von *pratyahara* auf verschiedene Körperteile.
9. Meditation über das strahlende höchste Licht, das jenseits aller Sorgen ist.
10. Beratung mit Lehrern.
11. *Brahman bhavanam:* Identifizierung mit dem höchsten Bewußtsein und vollkommenes Vergessen des Körpers.

Ein Strom von Bewußtsein fließt nach zwei Richtungen, der aufbauenden und der zerstörenden hin, ähnlich wie Flüsse zum Meer. Wenn er zum Positiven hinfließt, erlangt das Bewußtsein Freiheit, Wissen, Tugend und Kraft. Ist der Fluß zum Negativen hin, zur Zerstörung und Nicht-Unterscheidung, dann bringt er Unwissenheit, Gebundenheit und Schwäche.

Man empfängt doppelte Gedankenkraft, wenn man auf seine Schwächen und seine schlechten Gewohnheiten verzichtet.

1. *Apara vairagyam:* der erste Grad des Verzichtes. Er besteht im Entsagen auf alle materiellen Wünsche der Gedanken, um geistige Kräfte zu erlangen. Er bringt Reinigung von allen weltlichen Geschäften, Systemen, Gewohnheiten und Verhaltensweisen. Man wird Herr seines Körpers, seiner Sinne und Gedanken. Niedere und zerstörerische Begierden können die gelassene Natur nicht verwirren. Das Bewußtsein ist in diesem Zustand erwacht, um sich mit dem Höchsten zu identifizieren.
2. *Para vairagyam:* der letzte Grad des Verzichts. In ihm

erlangt man die Kraft, die ganze Natur und die natürlichen Mächte zu beherrschen und Herr der Natur zu werden. Man erlangt vollkommene Freiheit und wird ein Erleuchteter genannt. Dieser Zustand bringt die Identifizierung mit dem Höchsten.

Bedenke immer, daß Verzicht die Beseitigung von schlechten Gewohnheiten und Unzulänglichkeiten des Lebens bedeutet. Wenn man diese nicht überwindet, kann man sich nicht wirklich zur Persönlichkeit entwickeln. Von dieser Regel gibt es keine Ausnahme. Weder im geschäftlichen Leben noch beim Studium oder auf irgendeinem anderen Gebiet.

Achte auf Trieb und Zwang. Dies sind unwillkürliche Kräfte, die in deinem Bewußtsein wirken. Sie stammen aus deinen eigenen Gedanken, sind aber zunächst außerhalb deiner Kontrolle. Durch Übung und Verzicht kannst du sie beherrschen und zur Entwicklung deiner Willenskraft gebrauchen. Trieb ist eine innere Kraft, Zwang eine von außen kommende. Wo ist das Wirkungsfeld von beiden? Es liegt in deinem Unterbewußtsein und wurde von dir durch Gedankenübertragung eingepflanzt. Diese Kräfte sind deine Sendestationen. Beherrschst du sie, wird dein Geist die Schwelle der Welt überschritten haben.

Das ist das Ende des dreißigsten Kapitels. Zuerst wird es dir schwerfallen, viele der hier aufgezeichneten Tatsachen zu verstehen und zu begreifen. Aber es gibt so viele seltsame Dinge in diesem Universum, die du besser verstehen wirst, wenn du sie praktisch erfahren und studiert hast. Übung macht den Meister, und Verzicht läßt das Wesen des Geistes transparent werden.

Lies dieses Buch, begreife es und erweitere es um ein Tausendfaches durch eigene Überlegungen. Übe, damit du erfolgreich in Beruf, Geschäft, Gewohnheiten und Verhalten wirst.

Yoga ist Grundlage des ethischen und moralischen Lebens, auf dem das Königreich des Himmels gründet.

Rückblick

In Übereinstimmung und auf Verlangen meiner Schüler und Freunde habe ich hier eine kurze Einführung in die höchste Wirklichkeit Nirvana gegeben und genaue, vollständige Unterweisungen über alles Notwendige, um den Erfolg der Selbstverwirklichung durch Konzentration des Bewußtseins und der Gedankenwellen zu gewährleisten. Ich habe mich entschlossen, diesen Lehrgang einfach und kurz zu halten, und tat dies auch in Übereinstimmung mit meinem den Freunden gegebenen Versprechen. Es sind wenige und einfache Lektionen, so daß du leicht zuhause Konzentration üben kannst. Wendest du die hier enthaltenen Übungen praktisch an, dann wird es dir sicher gelingen. Ich weiß dies von vielen meiner Schüler und Freunden. Unzählige erleuchtete Seelen haben sie eine lange Zeit geprüft und erprobt.

1. Zweifle niemals an deiner Fähigkeit der Gedankenbeherrschung.
2. Wisse, daß du ewiges Leben, Wissen und Seligkeit besitzt.
3. Sei immer schweigsam, wenn du freie Zeit hast, und übe starkes *dharana*, *dhyana* und *samadhi* (Fixierung, Suggestion und Empfindung).
4. Folge den Weisungen, die in jeder Unterrichtsstunde gegeben werden.
5. Errege dich niemals, wenn du in einer ungünstigen Situation bist.
6. Sage niemals: »Ich werde versuchen, meine Gedanken zu konzentrieren«, sondern sage: »Ich will meine Gedanken beherrschen. Ich will mich konzentrieren.«

7. Sei nicht entmutigt, wenn du versagst. Mit der Zeit wird dir die Übung gelingen.

8. Wisse, daß du alles und jedes kannst – alles, was eine befreite Seele je gekonnt hat. Habe volles Vertrauen zu dir.

9. Erfasse die Wissenschaft und Psychologie des Yoga genau, dann wirst du Erfolg haben.

Das folgende ist ein Überblick über die acht Stufen:

1. Entschließe dich mit aller Willenskraft, deine Gedanken zu beherrschen. Dies ist die erste Stufe von *yama*.

2. Folge strengen Regeln, um deinen Entschluß durchzuführen. Dies ist die zweite Stufe oder *niyama*.

3. Bringe deinen Körper in eine feste und unbewegliche Stellung. Dies ist die dritte Stufe oder *asana*.

4. Übe Atemkontrolle. Dies ist die vierte Stufe oder *pranayama*.

5. Ziehe deine bewußte Energie aus der äußeren Welt und dem äußeren Kontakt und identifiziere dich mit dem höchsten Bewußtsein. Dies ist die fünfte Stufe oder *pratyahara*.

6. Fixiere deine Gedanken zur örtlichen Konzentration auf ein bestimmtes Chakra und auf das Körperglied deiner Wahl; zur allgemeinen Konzentration auf den gesamten Körper. Dies ist die sechste Stufe oder *dharana* (Fixierung).

7. Nach der Fixierung sende starke Suggestionen aus. Sie hängen von deiner Absicht und deinem Willen ab. So können es Suggestionen für Empfindungslosigkeit, Eiseskälte, feurige Hitze usw. sein. Dies ist die siebente Stufe oder *dhyana* (Suggestion).

8. Du mußt nach deinem gegebenen Befehl spüren, ob dein Unterbewußtsein deiner Führung folgen kann oder nicht. Nach genügend Praxis wird es deinen Befehlen gehorchen. Dies ist die achte Stufe oder *samadhi* (Empfindung).

Wenn du fest entschlossen bist, lebendige Ströme des

höchsten Bewußtseins in dir und um dich zu spüren, dann wirst du Einheit mit dem Höchsten erlangen. Du wirst das Universum in dir selbst und dich im gesamten Universum fühlen. Dies wird *samprajnata samadhi* genannt. Letztendlich wird diese Einheit in der Identität mit dem Höchsten enden, und du wirst spüren: »Das bist du.« Dies heißt *asamprajnata samadhi* und führt zur endgültigen Befreiung.

Die letzten drei Stufen, *dharana, dhyana* und *samadhi* (Fixierung, Suggestion und Empfindung) sind die inneren Bestandteile des *samprajnata samadhi,* während die vorangegangenen fünf äußere Bestandteile oder vorbereitende Stufen des Yoga sind.

Im Zustand von *asamprajnata samadhi* werden die letzten drei: *dharana, dhyana* und *samadhi* (Fixierung, Suggestion und Empfindung) auch zu einem äußeren Teil der Praxis, weil dies der Zustand vollkommener Identität mit dem Höchsten ist. Es gibt nichts Höheres. Dieser Zustand wird das Eine ohne Zweites genannt. Fixierung, Suggestion und Empfindung gehören zur Welt des Dualismus. Hier aber gibt es keinen Dualismus; darum werden sie zu äußeren Bestandteilen des *asamprajnata samadhi.* Sie führen das Bewußtsein empor zum Tor von *asamprajnata samadhi.*

Es ist mein aufrichtiger Wunsch, daß ihr Selbstverwirklichung erlangt durch Konzentration der Gedankenkräfte. Ich habe alles, was ich von meinem Lehrer, dem in der Welt Erleuchteten, *Bhagawandas Bodhisatva,* empfing, hier in Kürze veröffentlicht, ohne Bedenken und ohne etwas zurückzuhalten. Wenn du in diesen praktischen Anwendungen fest gegründet bist, wirst du Herr deiner Gedanken sein, und diese Beherrschung öffnet dir eine neue ewige und glückliche Welt. Studiere diese Methoden und prüfe sie, wenn du Erleuchtung, Vollendung und Freiheit erlangen willst. Dieses ausgedehnte Universum, das unsere Sinne wahrnehmen, ist nur ein Viertel des Universums, das im göttlichen Bereich verborgen ist. Die anderen Dreiviertel des göttlichen Universums sind dir fremd und werden vom Durchschnittsmenschen kaum verstanden. Wenn du gewissenhaft übst, dann wirst du mit Sicherheit die ewige und unsterbliche Welt entdecken.

Vergleiche diese Methoden mit deiner Praxis, deinen Studien und Erfahrungen. Dann wirst du großes Zutrauen zu Gedankenkräften haben, deine Hindernisse überwinden und volle Freiheit im Bereich des Geistes erlangen. Erfolg ist ein Nebenprodukt des Übens. Das ganze Universum wird dein Lehrbuch sein. Bücher allein werden deine Wißbegier nicht stillen. Wende diese Methoden in der Praxis an und erlange Nirvana.

Glossarium

abhyantara vritti: die Form von *pranayama*, wobei der eingezogene Atem so lange wie möglich bei größter – oder beinahe größter – Fassungskraft der Lunge angehalten wird.

Acht Systeme: acht Übungsgruppen, die zusammen die Yoga-Wissenschaften einschließen. *Yama* und *niyama*, die ersten zwei Stufen, umfassen die ethische Grundlage von Yoga. *Asana, pranayam* und *pratyahara* schließen die Wege der physischen Vorbereitung für die abschließenden inneren Übungen von *dharana, dhyana* und *samadhi* ein.

Aham Brahmasmi: eine der wesentlichsten Äußerungen der Veden, die der Meditierende als Hilfsmittel benutzt, um den höchsten Zustand zu erlangen. Bedeutet: »Ich bin *brahman.*«

ahamkara: universales Ich. Das individuelle Gefühl der »Ichheit« ist eines seiner Manifestationen.

ahimsa: Nicht-Schadenzufügen durch Körper, Rede und Gedanken. Allgemeine Haltung der Fürsorge für die ganze Welt. Gehört zu den *yamas.*

ajna cakra(m): das sechste der sieben Chakras. Liegt im Mittelhirn und wird vom Thalamus dargestellt, dem Zentrum des individuellen Bewußtseins.

akasa: uranfängliche Natur. Ist Grundlage für und durchdringt das ganze materielle Universum. Seine feinstoffliche Manifestation ist in dem voratomarischen Zustand der Materie enthalten. Manifestiert sich als Äther in der physischen Welt.

anahat(a): das vierte der sieben Chakras des Körpers an der Stelle des Herzens. Wichtigster Sitz des Bewußtseins.

anahat(a) nad(a): Manifestation im Klang der höchsten psychischen Energie *(prana),* der in einer Form im menschlichen Körper vernommen werden kann, in dem er sich zuerst in der Nähe des rechten Ohres offenbart.

anandamaya: die Hülle des Selbst, die aus Freude besteht.

anatma vad(a): im Buddhismus der sogenannte Zustand des
Anästhesie durch Yoga: vollkommene Entspannung des ganzen »Nicht-Selbst«.

Körpers oder einiger Teile durch *pratyahara* (Zurückziehen) und *dhyana* (starke Suggestion).

apa: der flüssige Zustand der Materie nach der Lehre des *sam-khya*-Yoga.

apara vairagyam: der erste Zustand der Entsagung, in dem man relative Reinheit, Ablösung und Ruhe gewinnt.

aparigraha: Nicht-Begierde. Gehört zu den *yamas.*

ardha-matsyendrasana: die Drehung, eine Stellung des Hatha-Yoga.

arthana chandatah kriya: eine der acht übernatürlichen Kräfte der fortgeschrittenen Yogis. Sie bedeutet die Fähigkeit, alles, was man will, in die Tat umzusetzen.

asamprajnata samadhi: der höchste Zustand des *samadhi,* in dem nur reines Bewußtsein wahrgenommen wird und alle Unterscheidungen zwischen Subjekt und Objekt schwinden. Es ist der absolute Zustand, der zur vollkommenen Befreiung führt.

asana: das dritte der acht Systeme, aus denen Yoga besteht. Im Raja-Yoga jede bequeme Haltung der Meditation.

asram: ein besimmter Ort der Zusammenkunft, an dem sich Schüler geistig unter Führung eines Lehrers fortbilden.

asteyam: Gelübde des Nicht-Stehlens. Gehört zu den fünf *yamas.*

atman: Bezeichnung für die göttliche Seele, die in allen Lebewesen schläft, aber durch Meditationsübungen im Menschen in höchster Vollkommenheit manifestiert werden kann. Verschiedentlich Selbst, universales Prinzip, höchstes Bewußtsein genannt.

Aura und astrale Körper: die verschiedenen feinstofflichen Manifestationen von Materie und Energie, die zusätzlich zum grobstofflichen Körper die Behausung eines Menschen bilden. Nur die Geschulten können diese Körper wahrnehmen.

avesa: die Macht fortgeschrittener Yogis, Zutritt zu anderen Körpern zu erlangen.

ayamatma brahman: ein Spruch der Veden, den der Meditierende als Hilfe zur Erlangung des höchsten Zieles der Meditation wiederholt. Bedeutet: »Diese Seele ist *brahman.*«

bahya vritti: Die Form von *pranayama,* wobei der Atem gewaltsam ausgestoßen und die Lungen eine Zeitlang mit so wenig Luft wie möglich gehalten werden.

bahyabhyantara visnayaksepi: das stärkste aller *pranayamas.* Es wird mehrfach eingeatmet – eins um das andere Mal –, ohne auszuatmen, bis die Lungen ihr absolut höchstes Fassungsvermögen erlangt haben. Dann mehrfache Ausatmung auf die gleiche Weise, bis die Lungen so luftleer wie möglich sind.

basti: eine der sechs Methoden zur Reinigung und Entwicklung des Körpers. Besteht im Reinigen der Eingeweide und Sexualorgane.

bhakti: vollkommene Hingabe an alle Wesen und vollkommene Liebe zu ihnen, weil in der Meditation ihr göttliches Wesen erschaut wird.

bhava pratyaya: Kraft vollkommener Beherrschung der körperlichen Welt. Wird durch *asamprajnata samadhi* erlangt.

bhavasamadhi: das gleiche wie *samprajnata samadhi.*

bheri nadam: das Echo des gesungenen OM oder irgendeines anderen Tones, über den meditiert wird.

bhrumadhya dristi: eine Art von *tratakam,* bei der die Aufmerksamkeit auf den Raum zwischen den Augenbrauen fixiert wird.

bhujangasana: die »Kobrastellung« im Hatha-Yoga.

Brahman: das ewige, allgegenwärtige, allwissende Prinzip, dessen Verwirklichung Ziel der Meditation ist. Manchmal höchste Wirklichkeit genannt, weil es ohne Beziehung und ganz unabhängig ist, während alles Werdende von ihm abhängt. Man kann es auch *sat-cit-anandam* nennen oder ewiges Sein, ewiges und vollkommenes Wissen, höchste Seligkeit.

Brahman bhavanam: Identifizierung des eigenen Selbst mit dem höchsten Bewußtsein.

Brahmi sthiti: der vollendete Zustand, in dem man mit *brahman* identisch ist.

buddhi: das Prinzip der universalen Intuition, dem sich der Meditierende in dem übergedanklichen Zustand des *samadhi* vereint. Es liegt latent im menschlichen Bewußtsein, jenseits von Intellekt und Ich.

cakras: sieben feinstoffliche Zentren des Bewußtseins, die im Körper symbolisiert werden durch die Bereiche an der untersten Stelle der Wirbelsäule *(muladhara),* an der Lendengegend *(svadhisthana),* dem Solarplexus *(manipura),* am Herzen *(anahata),* am Hals *(visudha),* am Thalamus *(ajna),* an der Großhirnrinde *(sahasraram).* Im allgemeinen richtet sich die Meditation auf die höheren Zentren *(anahata, ajna, sahasraram).*

cetaso jnanam: die Kraft der Telepathie, die fortgeschrittene Yogis erlangt haben.

cin nadam: jeder regelmäßige summende oder pfeifende Ton, auf den man sich konzentrieren kann.

cincin nadam: der brausende Ton eines Wasserfalls als Objekt der Meditation.

citta prasadanam: Gedankenstille als Ergebnis der Einhaltung bestimmter moralischer Grundregeln.

citam: ein technischer Ausdruck. Meint »Sitz des Bewußtseins« und umfaßt das Bewußte, Unbewußte und Überbewußte. Yoga gibt Wissen und Herrschaft über die beiden ersten Aspekte von *cittam,* so daß der dritte, das Überbewußtsein, sich manifestieren kann.

dhanurasana: die »Beugestellung«.

dharana: das sechste der acht Systeme, die Raja-Yoga einschließen. Fixierung auf den Gegenstand der Meditation und damit Beginn der inneren Stufen des Yoga.

dhauti karm: eine der sechs Methoden der physischen Sauberkeit, die Yoga vorschreibt. Mittel zur Reinigung des Magens durch Schlucken und wieder Herausziehen eines länglichen Gazestreifens, der an einem Ende mit den Fingern festgehalten wird.

dhyana: das siebente der acht Systeme, aus denen Yoga besteht. Bei diesem vermittelnden, inneren Vorgang wird die Kraft der Aufmerksamkeit stetig auf das Objekt der Meditation gerichtet, so daß andere Gedanken gleichzeitig nicht im Bewußtsein entstehen können. Dies ist der Zustand, der eigentlich Meditation genannt wird. *Dhyana* schließt auch die Aussendung der Autosuggestion ein, wie z. B. den Arm entspannen.

divya dristi: das sogenannte »dritte« oder »göttliche« Auge, das zwischen den Augenbrauen liegt oder im *ajna cakram.* Dies ist der Sitz der Intuition.

Drittes Auge: *divya dristi,* s. d.

Dualismus: eines der Hindernisse von *samadhi,* beschrieben in den Yoga-Sutras von Patanjali.

ghanta nadam: der Klang einer läutenden Glocke. Wenn sie ständig gehört wird, sollte man darüber meditieren.

gunas: die drei kosmischen Prinzipien, aus denen das gesamte materielle Universum in verschiedenen Verhältnissen besteht. *Sato guna,* das erste Prinzip, manifestiert als Leben, Licht, Neuheit, Entschlossenheit, gute moralische Eigenschaften und im nuklearen Bereich das Proton. *Rajo guna,* das zweite

Prinzip, ist gekennzeichnet durch Aktivität und durch das Elektron. Die Kennzeichen von *tamo guna* sind Schlaf, Dummheit, Verwesung und das Neutron.

guru: ein Lehrer der Wissenschaft der höchsten Wirklichkeit. Er ist durch lange Praxis und seine Erlangung der höchsten Stufe der Meditation fähig, andere durch ihre Übungen zu demselben Erfolg zu führen.

halasana: die »Pflugstellung«.

Hatha-Yoga: ein System des Yoga, das nach Raja-Yoga entstand. In diesem werden die verschiedenen Teile des Körpers zur Gedankenkontrolle benutzt. Ein sorgfältig durchgearbeitetes System von *asanas,* die in jüngster Zeit mehr benutzt wurden, um physische Gesundheit wie geistigen Fortschritt zu erreichen.

Herz: der Teil des Körpers, der im Anfang von Yoga-Schulungen als physiologisches Symbol von *anahata cakra* Leben und elektromagnetische Pulsationen in alle Teile des Körpers sendet. Es ist ein Zentrum, in dem der in Meditation Fortgeschrittene durch Pulsation universales Bewußtsein wahrnimmt.

ida und *pingala:* Yoga-Bezeichnungen für aufsteigende und absteigende »Kanäle« des autonomen Nervensystems. Diese Wege haben im Yoga die Funktion, Unterbewußtsein und Überbewußtsein zu öffnen.

Intuition: höchstes Prinzip der Wirklichkeit.

isvara: das Prinzip des Bewußtseins, das das gesamte physische Universum beherrscht.

jivan mukta: der Zustand der Befreiung, in dem die individuelle Natur und der physische Körper noch bestehen bleiben, um allgemeingültige Arbeit für und in der Welt zu tun.

kaivalyam: das gleiche wie *nirvanam.*

kapala bhati: eine der sechs Yoga-Methoden für physische Reinheit und Gesundheit. Sie besteht aus einer Reihe kurzer, weicher Ein- und Ausatmungen bis zur Ermüdung.

karma: das Gesetz von Ursache und Wirkung, welches unerbittlich im materiellen Universum arbeitet, ebenso eine Yoga-Disziplin, in der alle Arbeit und Tätigkeit selbstlos getan wird.

kosa: Hülle des Selbst, verweist auf jede der sogenannten »fünf Hüllen« von Körper, *prana,* Bewußtsein, Wissen und

Freude, welche die Manifestation der höchsten Wirklichkeit begrenzen.

kumbhakam: in *pranayama* der Zustand, in dem der Atem gehindert wird, ein- oder auszuströmen.

kundalini sakti: die sogenannte »zusammengerollte Kraft« des Zentralnervensystems *(susumna),* die in der Lenden-Rückenmark-Region des Menschen verborgen liegt. Wenn Kundalini vollständig erwacht ist, arbeitet sie als Wirkung und Gegenwirkung, um die Chakras zu aktivieren, was zur allmählichen Erleuchtung führt.

madhyama: der halbfortgeschrittene Zustand der *nad*-Meditation, bei der der Meditierende *nad* und elektromagnetische Schwingungen durch den ganzen Körper wahrnimmt.

mahat: die Grundsätze der universalen Weisheit des *samkhya*-Yoga-Systems, durch die Ego, Bewußtsein und die gesamte grobstoffliche Welt manifestiert ist.

mahat tatva: dasselbe wie *mahat.*

manipura: das im Bereich des Magens und des Solarplexus gelegene Chakra. Siehe *cakras.*

manomaya: kosa oder Hülle, die das geistige Selbst umkleidet. Sie manifestiert sich im Traumzustand und in der Meditation, man erkennt sie durch verschiedenartige Manifestationen der geistigen Kraft und durch originelles Denken.

mantras (starke Suggestionen): Sanskrit-Formeln von befreiten Seelen für den Gebrauch von Schülern des geistigen Weges und Durchschnittsmenschen, um Vollendung, Gesundheit oder übernatürliche Kräfte zu gewinnen. Diese *mantras* sind eigentlich starke Suggestionen, die jeder seinen Gedanken durch Wiederholung geben kann.

mara: geistiger Tod, Zustand des Gebundenseins an die Fessel von Karma und Wiedergeburt.

matsyasana: die »Fischstellung«.

mayurasana: die »Pfauenstellung«.

Medulla oblongata: der oberste Teil des Rückenmarks nächst dem Gehirn. Es ist ein wichtiges Zentrum der Konzentration während *pranayama,* da es das Zentrum zur Überwachung der Atmung enthält.

megha nadam: das Donnerrollen auf Entfernung, über das meditiert werden sollte.

mridanga: Klang irgendeines Schlages oder einer Kesselpauke, über den meditiert werden sollte.

mudra: eine Bewegung oder Stellung der Finger oder der Glieder bei der Meditation, als Ergebnis der Zirkulation von *kundalini sakti*. Viele Abbildungen befreiter Menschen zeigen diese *mudras*, die Wissen, Friede oder Tapferkeit vorstellen können.

muladhara: das tiefste der Chakras am Ende des Rückgrats, Sitz von *kundalini sakti*.

nadam: dasselbe wie *anahat(a) nad(a)*.

nasagra dristi: eine wichtige Methode von *tratakam*. Man starrt auf den Rücken oder auf die Spitze der Nase. Diese Übung entwickelt die Augen- und Geruchsnerven.

nauli: eine der sechs *satkarmas* oder Yoga-Übungen für Reinheit und Gesundheit des Körpers. Sie besteht in der Bewegung der Bauchmuskeln nach oben und unten und nach jeder Seite im Wechsel, in einer Anzahl von Wiederholungen.

neti: eine der sechs *satkarmas* des Yogi für Reinheit und Gesundheit. Sie besteht in der Führung eines weichen Fadens durch die Nasengänge hinein und zum Mund wieder hinaus, um die Gesundheit dieses ganzen Traktes zu fördern.

nirguna Brahman: der Zustand reinen Bewußtseins ohne alle Eigenschaften, die die Natur auferlegt hat. Es ist das absolute *brahman* und das höchste Ziel der Meditation.

nirvanam: der Zustand vollständiger Befreiung, der erreicht ist, wenn OM oder *nad* gänzlich im Bewußtsein manifestiert sind. Das Erreichen dieses letzten Zustandes ist das Ziel von aller Meditation und von *samadhi*.

nirvija samadhi: dasselbe wie *samprajnata samadhi*. Bei *samadhi* sind alle »Samen« oder verborgenen Karmas weggeräumt, und das Bewußtsein des Meditierenden gewinnt Einheit mit *brahman*.

nirvikalpaka samadhi: dasselbe wie *asamprajnata samadhi*.

niyamas: fünf Pflichten, die dauernd von ernsthaften Yoga-Schüler erfüllt werden. Es sind folgende: physische und innerliche Reinheit, Zufriedenheit mit der materiellen Situation, Einfachheit, Studium von Yoga-Psychologie und Büchern über Selbsterkenntnis und Selbstunterwerfung unter das göttliche Ziel der Meditation.

ojas sakti: hormonale Kraft, die sich entwickeln soll durch Yoga-Übungen. Diese bringt zunehmende Gesundheit, längeres Leben, geistige Kraft und Beherrschung des Nervensystems.

OM: dieser Klang ist innerhalb der menschlichen Ausdrucksskala gewählt als Darstellung des wahren Klanges *anahat(a) nad(a)* oder *sabda brahman*. Es ist ein bedeutsames *mantra*, das in seinen drei Lauten, A-U-M, den Wach- und Traumzustand und den des Tiefschlafs darstellt. Diese sind manifestiertes *brahman*. Jenseits von diesen (und daher hinter den Silben) verbirgt sich der *turiya*-Zustand des nicht manifestierten *brahman*, die höchste Wirklichkeit.

padmasana: die sicherste Meditationsstellung. Man legt den rechten Fuß auf den linken Schenkel und den linken Fuß über das gebeugte rechte Bein auf den rechten Schenkel. Diese Stellung sichert demjenigen, der sie einnimmt, dieselbe Freiheit von Sorge wie der Lotos, der durch seine Beschaffenheit frei ist von dem ihn umgebenden Wasser.

panca mahabhutas: die fünf grobstofflichen oder atomaren Zustände der Natur, Äther, Gase, Licht, Flüssigkeit und Festigkeit.

panca tanmatras: fünf vornukleare Zustände der Natur, wahrgenommen durch fortgeschrittene Yogis. Sie bestehen aus feinem physischen Äther, aus Gas, Licht, Festigkeit und Flüssigkeit.

para: der unbeschreibbare Zustand, der Höhepunkt aller *nad*-Meditation ist. Es ist dasselbe wie *nirvanam* oder der Zustand des Einen ohne Zweiten.

para vairagyam: die vollständige Entsagung eines befreiten Menschen, in dem keine selbstsüchtigen Motive mehr Einfluß ausüben können.

param pratyaksam: die »höhere Sicht« oder das überempfindsame Wahrnehmungsvermögen als Ergebnis von *samadhi*.

parisariya nadi mandalam: Yoga-Ausdruck für das periphere Nervensystem, das das Zentralnervensystem (*susumna*) mit den Körpergeweben verbindet.

pasyanti: der dritte fortgeschrittene Zustand der *nad*-Meditation, in der man das ganze Universum erfüllt mit *nad*-Klang wahrnimmt.

Patanjali: der Kompilator der klassischen Yoga-Sutras, der mehrere Jahrhunderte v. Chr. lebte.

prajna: persönliches Bewußtsein oder Intelligenz im Gegensatz zu universeller Intelligenz oder *isvara*. Es kann auch Weisheit oder Intuition bezeichnen.

prajnanam Brahman: eine Suggestion aus den Veden; sie bedeutet: »*Brahman* ist höchste Weisheit«.

prakasa: geistiger Glanz, das Wesentliche von *sato guna*.

prakriti: die subtilste Form der Natur entsprechend dem *sam-khya*-System, das zusammen mit Bewußtsein das unendliche Weltall der Namen und Formen hervorbringt. Es ist gekennzeichnet durch drei Qualitäten oder *gunas*.

prana: die Gesamtheit aller Energie, die dem Universum innewohnt, sowohl im unmanifestierten nuklearen Zustand wie im manifestierten von flüssigen, festen und gasförmigen Körpern.

pranamaya: die Hülle, die das Selbst bedeckt und sich aus *prana* zusammensetzt. In der Meditation nimmt man diese zarte Hülle als Schwingung durch den Körper wahr.

pranayama: das vierte der acht Yoga-Systeme. Es bedeutet »Kontrolle des *prana*« und besteht aus verschiedenen Übungen zur Minderung bis zum völligen Anhalten der äußeren Atmung (durch die Lungen) und zur gleichzeitigen Übertragung der Atmungsfunktion auf den inneren Stoffwechsel. Eine Methode für den Meditierenden, die innerliche Atmung zu üben.

pratipaksa bhavanam: das Yoga-Prinzip, nach dem man einen auftretenden niederen Gedanken durch Entgegenwirkung eines höheren beherrschen kann.

pratyahara: das fünfte Verfahren in dem achtfachen Yoga-System. Es besteht in der Rückziehung des Bewußtseins von der Fühlungnahme mit den Sinnen und der Zuwendung nach Innen zur Konzentration.

prithivi: der feste Zustand der Materie entsprechend der *sam-khya*-Yoga-Einteilung.

phsychische Phänomene: siehe Aura und astrale Körper.

purakam: die erste Stufe von *pranayama* oder Einatmung.

purusa: ein *samkhya*-Begriff, der reines Bewußtsein bezeichnet, welches unbefleckt und unbegrenzt ist von der Berührung durch *prakriti* oder Materie.

Raja-Yoga: die älteste Form des Yoga, in der viele der physischen Hilfen für die Praxis, wie schwierige *asanas* und auch physische Übungen des *pranayama*, nicht verwendet werden; vielmehr wird das schon zu einem hohen Grad entwickelte Bewußtsein als alleinige Kontrolle für physische Funktionen benutzt.

rajas: das zweite der drei *gunas* der *prakriti*, gekennzeichnet durch Aktivität und chemisch durch das Elektron.

recakam: Ausatmung bei *pranayama*.

ritambhara prajna: die Kraft, die man in dem jenseits des Denkens liegenden Zustand von *samadhi* erlangt und durch die sich bewahrheitet, was man voraussagt.

sabda: bedeutet »Wort« oder »Klang«; hier verweist es auf *brahman,* manifestiert durch den *nad*-Klang.

sabija samadhi: in diesem *samadhi* verbleibt der Samen für Wünsche nach materiellen Vergnügen noch in den Gedanken.

saguna Brahman: Wirklichkeit, bedingt durch Eigenschaften wie Glückseligkeit, vielleicht sogar eine Form, die sich unterscheidet von der höchsten Wirklichkeit, welche jenseits aller nur möglichen Merkmale ist.

sahasraram: das oberste der sieben Chakras, das in der Großhirnrinde liegt. Vollständige Öffnung dieses »Tausend-Blütenblatt-Lotos« gibt höchste Erleuchtung.

samadhi: technisch jeder Zustand, in dem das Bewußtsein durch Konzentration mit dem Objekt der Meditation identisch wird. Für Yoga jedoch ist es der Zustand, von dem es verschiedene Grade gibt, in dem das persönliche Bewußtsein die Form des höchsten, allmächtigen und allgegenwärtigen Geistes annimmt, wenn er für eine Zeit von allen materiellen Beschränkungen befreit ist und Erholung gewinnt.

samkhya: die philosophische Grundlage des Yoga-Systems, d. h. das System der Einteilung der Zustände der Materie und des Geistes, das durch Yoga-Praxis entwickelt und immer wieder bestätigt wird.

samprajnata samadhi: das *samadhi,* bei dem sich das individuelle Bewußtsein mit dem universalen vereinigt, aber nicht zu einem solchen Grad vertieft, daß es höchste Erleuchtung gewinnt.

samyamah: Der hohe Zustand der Konzentration, in dem *dharana, dhyana* und *samadhi* (Fixierung, Konzentration und Identifikation) zu einem Vorgang verschmelzen, so daß der Yogi den inneren Grund von allem erkennt, worauf er sich konzentriert.

sarvamgasana: der Schulterstand im Hatha-Yoga.

sankha nadam: der Klang einer Seemuschel, der für Meditation benutzt werden kann.

savasana: die »Stellung des toten Körpers«.

satan: »dämonische« Kraft unterbewußter Eindrücke, die von egoistischen Handlungen in der Vergangenheit herrühren und zeitweilig aufkommen, um die Übungen des Meditierenden zu stören.

satcidanandam Brahman: eine Suggestion, die bestimmt ist, das

Bewußtsein des Meditierenden mit dem ewigen Meer von Sein, Kenntnis und Glückseligkeit zu identifizieren.

satkarmas: sechs Yoga-Methoden, um physische Reinheit und Gesundheit zu erlangen.

satva: das erste der drei *gunas* von *prakriti,* charakterisiert durch Licht, Kraft, Mut und chemisch durch das Proton.

satyam: Gelübde, der Wahrheit zu folgen und der Unwahrheit in Gedanken und Handlungen zu entsagen. Eines der *yamas.*

savikalpaka samadhi: das *samadhi,* bei dem das Bewußtsein noch in materiellen Eindrücken verharrt. Dasselbe wie *samprajnata samadhi.*

siddhas: die acht übernatürlichen Kräfte, die Yogis als Ergebnis langer Meditationspraxis erlangen. Es sind folgende: Eintritt in andere Körper, Gedanken»lesen«, Willensfreiheit, Hellsichtigkeit, Hellhörigkeit, Allwissenheit, Ausstrahlung, Unsichtbarkeit.

sila: Vollkommenheit von Charakter oder Moral, die durch Yoga erworben wird.

sirobalam: das Kleinhirn.

sirobrahman: Die durch Yoga-Praxis vollständig entwickelte Hirnrinde.

sirsasana: der »Kopfstand«, eine der wirksamsten Hatha-Yoga-Stellungen.

Shiva: das höchste Ideal der traditionellen Yoga-Praxis, manchmal dargestellt als ein verkörpertes Wesen, das alle vollendeten Eigenschaften besitzt, die durch Yoga möglich werden.

Sivoham: ein altes *mantra* mit der Bedeutung »Ich bin Shiva« oder »Ich bin Existenz, Wissen und Frieden«.

somamandalam: Yoga-Ausdruck für die Schleimdrüsen.

sphotam: dasselbe wie OM oder *anahat nad.*

sthula sariram: der grobstoffliche Körper oder das Bewußtsein.

stumbha vritti: das *pranayama,* bei dem die Atmung freiwillig ausgeglichen wird, d. h. man atmet die gleiche Menge Luft ein und aus.

suksam sariram: der feinstoffliche Körper oder Teil des Unterbewußtseins, der sich im Traumzustand manifestiert.

susumna: das Zentralnervensystem, von dem der wichtigste Teil das Rückenmark ist.

susumna sirsakam: das verlängerte Mark, in dem die Zentren liegen, die Atmung und Herzschlag kontrollieren.

susupti: Zustand des Tiefschlafs, der durch den dritten Buchstaben der Silbe OM dargestellt wird.

sutratman: die bewußte Kraft, die im feinstofflichen Universum oder Makrokosmos wirkt.

svadhisthana: das Chakra, das in der Lendenregion liegt und die Beine kontrolliert.

svadhyaya: »Selbst-Studium«, d. h. Studium der Bücher über Yoga und Selbsterkenntnis. Eines der *niyamas.*

tala nadam: der Klang einer Fingertrommel, über den man meditieren kann.

tamas: das dritte der *gunas* oder *prakriti,* charakterisiert durch Faulheit, Trägheit und elektrisch durch Neutralität.

tantri vina: der harmonische Klang eines Saiteninstrumentes, über den meditiert werden kann.

tapah: eines der *niyamas,* bei dem unkeusches Denken durch Kasteiung schwinden soll.

tapasya: dasselbe wie *tapah* oder Kasteiung. Ausschaltung von unkeuschem Denken.

tatvamasi: der erste der großen vedischen Kernsprüche, deren Wiederholung einen Schüler in Kenntnis der höchsten Wirklichkeit setzt. Wörtlich bedeutet es: »Das bist du.«

teja: der Lichtzustand der Materie, entsprechend der Einteilung von *samkhya*-Yoga.

tejasa: bewußte Kraft, die in einem Lebewesen in feinstofflicher Form wie durch den Intellekt wirkt.

tratakam: eine wichtige Yoga-Übung, um Konzentration und außersinnliche Wahrnehmung zu erlangen. Hierzu starrt man auf ein fixiertes Objekt für eine verhältnismäßig lange Zeitdauer.

trayama ekatra samyama: die drei letzten innerlichen Stufen der Yoga-Praxis – *dharana, dhyana* und *samadhi* – die zusammengefaßt *samyama* ergeben. Die Lehre selbst ist eine der Yoga-Sutras von Patanjali.

turiya: die letzte Stufe vollständiger Vertiefung der Gedanken in *brahman.* Dies ist *nirvanam.*

upaya pratyaya: die Beherrschung des individuellen durch das universale Bewußtsein, das man durch die höchsten Übungen von *asamprajnata samadhi* erlangt.

vaikhari: der erste Zustand von *nad,* wenn es nur im Kopf gehört wird.

vairagyam: dauernder und überlegter Verzicht auf hindernde Gedanken, die das Erlangen von *samadhi* hemmen, und geistige Freiheit von materiellen Fesseln.

vayu: der gasförmige Zustand der Materie entsprechend *samkhya.*

Vedanta: unmittelbare Kenntnis des höchsten Bewußtseins, das Ziel aller Veden ist. Obwohl zu einer Philosophie gemacht, muß Vedanta durch Übungen realisiert werden.

venu nadam: der Klang einer Flöte, über den meditiert werden kann.

vijnanamaya: die Hülle des Selbst, die aus Erkenntnis besteht. Wenn dieser Körper erreicht ist, wird das Bewußtsein des Meditierenden mit Weisheit und Erkenntniskraft erfüllt.

virat: grobstoffliches oder materielles Bewußtsein, wie es im Makrokosmos wirkt.

visva: grobstoffliches oder materielles Bewußtsein, wie es im Mikrokosmos wirkt.

vitarkas: Gedankenwellen als ein Teil der menschlichen Persönlichkeit, die die Persönlichkeit zerstören. Solche Wellen, die in der menschlichen »dämonischen Natur« enthalten sind, lassen Unlogik, Unmoral und destruktives Denken entstehen. Sie werden überwacht durch *yama* und *nyama.*

yamas: fünf Gelübde: Gewaltlosigkeit, Wahrhaftigkeit im Leben, Nichtstehlen, Enthaltsamkeit und Unberührtheit – werden von allen Schülern nach Yoga-Vorschrift eingehalten.

Yoga: wissenschaftliches System, um den schwachen, ungeschulten und materiellen Geist des Menschen umzuformen zum ewigen, allmächtigen und glückseligen Geist des höchsten universalen Bewußtseins.

yogamudra: Jede Hand- oder Armstellung, die bei Yoga-Meditation natürlich ist. Ebenso eine Technik zur Entfaltung des *nad*-Klanges, bei der die Finger über die Ohren gelegt werden.

yoganidra: Zustand der vollständigen Entspannung und Magnetisierung des Körpers, in dem das Bewußtsein ausgeschaltet, aber wach, ruhig und frei von allen Ablenkungen bleibt.

Yoga-Psychologie: System geistiger Analyse, das im Laufe von Jahrhunderten als Ergebnis der Erkenntnisse formuliert wurde, die durch Yoga-Praxis erworben und gelebt wurden. Ein wichtiger Grundsatz dieses Systems ist, daß die Haupteigenschaft des Geistes in seiner Identifizierung mit den Gegenständen besteht, mit denen er in Berührung kommt.

Yoga-*samadhi:* Am Ende von *samadhi* steht Selbsterkenntnis oder Befreiung.